济宁市青少年教育系列丛书

济宁市关心下一代工作委员会组织编写

总 主 编 步士金

副总主编 秦绍忠 李心善

家庭教育

小学篇

主编 李丽 尹露 李春兴

山东大学出版社
SHANDONG UNIVERSITY PRESS
·济南·

图书在版编目（CIP）数据

家庭教育．小学篇 / 李丽，尹露，李春兴主编．—济南：山东大学出版社，2022.8

（济宁市青少年教育系列丛书 / 步士金主编）

ISBN 978-7-5607-7591-3

Ⅰ．①家… Ⅱ．①李… ②尹… ③李… Ⅲ．①小学生—家庭教育 Ⅳ．①G78

中国版本图书馆 CIP 数据核字（2022）第 148342 号

策划编辑　祝清亮
责任编辑　李艳玲
封面设计　王莉莉

出版发行　山东大学出版社
社　　址　山东省济南市山大南路 20 号
邮政编码　250100
发行热线　(0531)88363008
经　　销　新华书店
印　　刷　山东成信彩印有限公司
规　　格　787 毫米 ×1092 毫米　1/16
　　　　　9.5 印张　123 千字
版　　次　2022 年 8 月第 1 版
印　　次　2022 年 8 月第 1 次印刷
定　　价　13.70 元

济宁市青少年教育系列丛书
编委会

家庭教育·小学篇
编委会

为认真贯彻落实习近平总书记关于“要抓好青少年学习教育，着力讲好党的故事、革命的故事、英雄的故事，厚植爱党、爱国、爱社会主义的情感，让红色基因、革命薪火代代传承”系列指示精神，按照中国关心下一代工作委员会、山东省关心下一代工作委员会部署安排和济宁市委、市政府要求，济宁市关心下一代工作委员会组织编写了“济宁市青少年教育系列丛书”，从优秀传统文化、革命传统文化、家庭教育文化、法治教育文化以及先进时代文化里发掘精华和养分，为青少年补钙壮骨、固本培元，帮助他们扣好人生的“第一粒扣子”，也为更好地开展关心下一代工作，特别是为广大青少年教育提供了一个综合性、指导性的文化宣传教育辅导读物。

济宁是一方底蕴深厚的文化沃土，是中华人文始祖轩辕黄帝的诞生地，孔子、孟子、颜子、曾子、子思子“五大圣人”的故乡，东夷文化、齐鲁文化、儒家文化、水浒文化、运河文化、孝贤文化、诚信文化在这里交相辉映，孕育了史学大家左丘明、建安七子之一王粲、古典戏剧大师孔尚任、当代词坛泰斗乔羽等名家巨擘，孔府、孔庙、孔林和京杭大运河被列为世界文化遗产。济宁有着深厚的红色革命传统，早在1926年就建立了党组织，在革命战争年代，谱写了无数可歌可泣的英雄史诗，形成了丰富的红色资源和宝贵的精神财富。

“国势之强由于人，人材之成出于学。”青少年阶段是人生的“拔节孕穗期”，最需要精心引导和栽培。“济宁市青少年教育系列丛书”概述了济宁的悠久历史和璀璨文化，介绍了济宁的历史文化名人和英雄模范人物，回顾了革命战争年代发生在济宁的重大事件，展现了济宁人文史诗之情、家教家训之风、红色基因之骨、法治精神之魂，脉络清晰，文笔洗练，图文并茂，通俗易懂，既传承了传统文化的精髓，又符合现代价值观念，具有很强的思想性、文化性、趣味性、启发性，有助于青少年从中接受思想的洗礼和获得精神的滋养，在新时代中国特色社会主义光辉照耀下茁壮成长。

“少年强则国强，少年智则国智。”青少年是祖国的未来、民族的希望。关心下一代工作是功在当代、利在千秋的伟大事业。习近平总书记心系下一代工作，提出了一系列新思想、新战略，做出了一系列新决策、新部署。关心下一代工作委员会是党和政府的参谋助手，是联系青少年的桥梁和纽带，肩负着关心关爱、教育培育青少年健康成长的重要使命。长期以来，在中国关心下一代工作委员会和山东省关心下一代工作委员会的精心指导和亲切关怀下，在市委、市政府的坚强领导下，济宁市关心下一代工作委员会把握时代主题，牢记使命担当，把关心下一代工作当作一项以爱润心、以德修身的崇高事业来做，主动作为，守正创新，为培养社会主义建设者和接班人做出了积极贡献。青少年时期是身心发育、道德养成和世界观、人生观、价值观确立的重要时期。关爱青少年，就是关爱祖国的未来。新时代新使命迫切需要关心下一代工作委员会和广大老干部、老战士、老专家、老教师、老模范，开启新征程，展示新作为，教育青少年增强爱国意识、爱国情怀，牢固树立正确的世界观、人生观、价值观，听党话、感党恩、跟党走，更加爱党爱国爱家乡，为新时代社会主义现代化建设贡献力量。

“济宁市青少年教育系列丛书”编委会

2022年6月

目 录

第一章 劝 学

第二章 立 志

第三章 修 身

第四章 处 世

第五章 齐 家

第六章 为 政

第一章 劝学

在曲阜孔庙的大成殿中，悬挂着一副“斯文在兹”的匾额，这句话出自《论语·子罕》，意思是“文化知识应掌握在这里”。两千多年来，儒家思想也是这样引领和指导着中国人的思维方式、学习方式。

“博学之，审问之，慎思之，明辨之，笃行之。”古往今来，涌现出无数名人大家：古有私塾讲学、诗书双绝的黄庭坚，刻苦练字、终成“书圣”的王羲之；今有埋头钻研、拯救无数人生命的屠呦呦……让我们翻开历史的篇章，阅读他们勤奋学习的故事。自警自励，自强不息。让学习成为一种精神追求，让奋斗成为一种生活方式。

同学们，青春正好，正是学习时。

读书，可以提高自身的人文素养和精神境界，直面人生的种种困难。拥有书香的家庭，也一定是个精神富足的家庭。

第一节
藏书万卷可教子，遗金满籝常作灾

学一言

藏书万卷可教子，遗金满籝（yíng）常作灾。

【释义】家中有万卷藏书，可以用来教子成才；给子孙后代留下大笔财产，却常常招致灾祸。

识一人

同学们，在北宋时期，有一位大文学家、大书法家，他开创了江西诗派，这个人就是黄庭坚（1045—1105）。

黄庭坚在诗词、散文、书画等方面都有很高的成就。我们熟悉的大诗人苏轼，是黄庭坚的老师，也是他的

黄庭坚像

好友，在诗歌方面二人并称“苏黄”。其代表作有《山谷词》《豫章黄先生文集》等。

黄庭坚曾创办私塾讲学，这也是彭水历史上最早的私塾，当地百姓纷纷把子孙送去读书学习。黄庭坚一生为官清正，治学严谨，以文坛宗师、孝廉楷模垂范千古。

知一事

诗书双绝黄庭坚

北宋时期，文人辈出，黄庭坚就是其中的杰出代表。他出身书香门第。黄家崇尚学习的门风，为他的成长营造了一个良好的学习环境。

黄庭坚五岁开始接受启蒙教育，能够将《论语》等经典倒背如流。舅舅李常非常喜爱小庭坚，经常给他讲解经书、诗歌的含义。有一天，李常来到姐姐家，见小庭坚正伏案苦读，便想试一试外甥的才学。进书房时，李常见院内有一棵桑树，便以桑、蚕、茧、丝、锦缎之间的关系为题，出了一个上联："桑养蚕，蚕结茧，茧抽丝，丝织锦绣。"见舅舅又来考自己，小庭坚非常高兴，才思愈发敏捷。他从手中握的那支毛笔得到启发，立即对出下联："草藏兔，兔生毫，毫扎笔，笔写文章。"李常见外甥小小年纪便能对出这样巧妙的对联，从此对他更加器重、爱护，着意精心栽培，使之进步更快。在舅舅身边的三年时间里，黄庭坚博览群书，不仅精心研读儒家经典，也广泛涉猎古今诗文著作，打下了深厚的文学根基。

多年后，黄庭坚不仅开创了中国文学史上第一个有正式名称的诗文派别——江西诗派，更成为一代书法宗师，被后人推举为"千年书史第一家"。

莫问收获，但问耕耘

翻开中国近代史，梁启超是一个响亮的名字，他是我国近代著名的思想家、教育家。而我们青少年对他的了解，更多是源自语文课本中那篇气势雄浑的《少年中国说》。

梁启超自幼聪明过人，9 岁便能够写出超过千字的文章，12岁以首榜第一名考中秀才，被人们称为“神童”，这都得益于良好的家庭教育。梁启超很小就跟随祖父读书，5岁时开始读“四书五经”，8岁开始学习做文章，非常勤奋。祖父勤俭朴实、忠厚仁慈，每年上元佳节，都要带着孙儿们去当地的一座庙宇，对着庙内绘有忠臣孝子的图画，给孙儿们讲解古圣先贤的事迹。因此，梁启超虽以变法维新而闻名，但他终生保持着儒家勤学思辨、尊师重教的传统。

家风传承，梁启超也将自己的儿女培养成了德才兼备之人。梁启超勉励子女，做学问要“莫问收获，但问耕耘”。他的九个子女在诗词、建筑学、考古学、经济学、图书馆学、航天事业等领域都非常有成就，儿子梁思成、梁思永、梁思礼更是成为院士，可谓“一门三院士，九子皆才俊”。

明一理

韦编三绝

孔子到了晚年时坚持研读《易经》。那时候，纸张还没有出现，文字都写在竹片上，称为“竹简”。书的内容全部落到竹简上以后，还要用极为牢固的牛皮绳子（韦）将这些竹片编联起来，方便阅读，这样的过程就称为“韦编”。

《易经》这部古书是比较难懂的，孔子下了很大的功夫，才把它通读了一遍，然而他认为自己仅仅是了解了书的内容。接着，他读了第二遍，才觉得掌握了《易经》的基本要点。后来，他又读了第三遍……为了深入研读这部书，同时也为了方便给弟子们讲解清楚，孔子不知把《易经》翻阅了多少遍，串联竹简的牛皮带子被磨断了好几次，只能换上新的再读，于是就有了“韦编三绝”的说法。

同学们，在成长过程中，家中长辈的言行、习惯肯定也对你产生了很大的影响。今天我们举行“读书家风故事会”，来讲讲你家的读书故事吧！

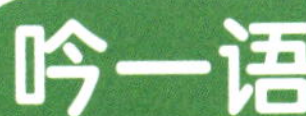

题胡逸老致虚庵

【宋】黄庭坚

藏书万卷可教子，遗金满籝常作灾。
能与贫人共年谷，必有明月生蚌胎。
山随宴坐图画出，水作夜窗风雨来。
观水观山皆得妙，更将何物污灵台？

增一智

“藏书万卷可教子，遗金满籝常作灾”，是黄庭坚为朋友书斋的题诗。意思是说，藏书万卷可以教化子孙，而遗金满篓常常会招致灾祸。

书中有许多为人处世的智慧和道理，有着丰富的科学文化知识，多读书，读好书，让家中常伴“书香”，会使我们更自信、充实、快乐。

立于世

人民群众多读书，我们的民族精神就会厚重起来、深邃起来。要提倡多读书，建设书香社会。

——2019 年 8 月 21 日，习近平在甘肃考察，在《读者》编辑部同工作人员交流时的讲话。

荐一书

行一程

同学们，图中这个风景秀丽的地方就是诗人黄庭坚的故乡——江西省九江市双井村。这里不仅景色宜人，而且名人辈出，被誉为“华夏进士第一村”。这都得益于当地崇尚读书学习的家风。同学们，有机会的话，也和爸爸妈妈一起到这里感受一下吧！

江西九江双井村

家庭是人生的第一课堂，父母是孩子的第一任老师，家庭中读书学习的风气对孩子的成长至关重要，无可替代。

第二节
业精于勤，荒于嬉

学一言

业精于勤，荒于嬉。

【释义】学业由于勤奋而精熟，由于玩乐而荒废。

识一人

东晋有一位大书法家，叫王羲之，他是山东临沂人。后世评价他的书法“飘若浮云，矫若惊龙”。

王羲之的书法成就是他付出了无数汗水和辛苦才换来的，民间有很多关于王羲之练字的传说。王羲之的儿子王献之，以父亲为榜样，刻苦练字，后来成为和父亲齐名的书法家，后世把他们称为“二王”。王

羲之父子练字的故事，对于我们的学习有很多启示。

知一事

王羲之父子练字

王羲之是东晋人，7岁起开始练字，照着前人留下的字帖练习，每天练完字，就到离家不远的池塘边去洗笔砚。长年累月，不知用完了多少墨，写坏了多少笔，天长日久，竟将一池水都染成了黑色，后人称这个池子为“墨池”。

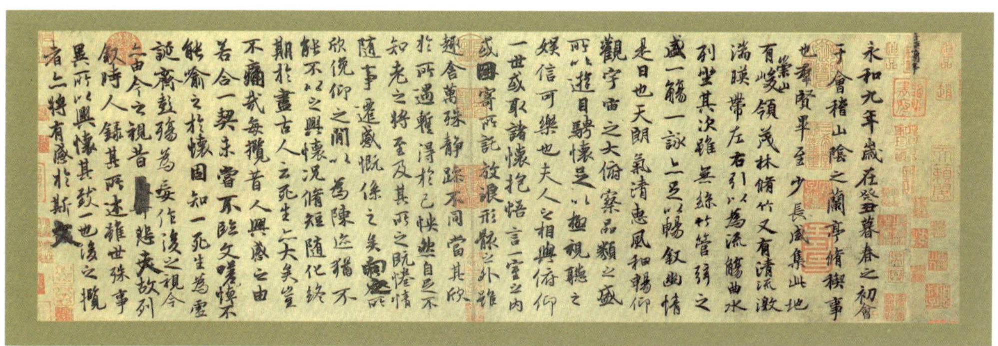

王羲之书法作品

经过长年的刻苦练习，王羲之的书法达到了炉火纯青的地步，他被后世尊称为“书圣”。

儿子王献之在父亲的指导下，书法水平长进很快。有一天，他自得地把写好的几张大字拿去给父亲看。

王羲之一边看，一边摇头，随手在一个“大”字下添了一个点，然后把字稿全部退还给他。王献之不服气，又拿给母亲看，母亲指着王羲之在“大”字下加的那个点，说：“我儿写尽三缸水，只有这一点像你父亲。”王献之听后，泄气地说：“我什么时候才能把字练好啊？”母亲鼓励他说：“孩子，你必须克服骄傲自满的情绪，虚心学习，刻苦练字。你看到院子里的那口大水缸了吗？什么时候你把十八缸水用完了，你的字也就练成了。你只要坚持不懈地练下去，就一定会成功的！”

王献之刻苦地练了几年后，在书法上突飞猛进。后来，他的书法也到了力透纸背、炉火纯青的程度。

“一条大河”激荡着爱国深情

“一条大河波浪宽，风吹稻花香两岸……”这是一首影响了几代人的歌。它的词作者乔羽，是山东济宁人。乔羽有着山东人的忠厚、内敛与孝道，而这品质也恰如丝丝细雨，融入他创作的歌词中，无声地浸润着所有的听众。

乔羽

乔羽最难忘的是孩童岁月。作为家中最小的孩子，他深得父母喜爱。乔羽的父亲喜爱古诗词，好写文章，经常为他读文、诵诗，还亲手制作识字卡片，教他认字。乔羽也非常勤奋好学，4岁便认识了3000个汉字，《百家姓》《千字文》《三字经》读来都毫不费劲。幼年时，母亲还经常给乔羽讲民间故事，他后来创作的许多优秀作品都是母亲赋予的灵感。父亲去世后，乔羽一家生活拮据，仅靠大哥做木工学徒的收入维持生活。即便在这种情况下，大哥依然省吃俭用送乔羽到当时最好的学堂读书。

孔孟文化、醇厚家风，涵养了乔羽的创作底蕴。《让我们荡起双桨》《我的祖国》《难忘今宵》……他在歌词中记录历史的风雨，传承中华优秀传统文化，歌颂伟大的祖国和人民，也歌唱美好的生活。

明一理

勤学好问的樊子迟

济宁市鱼台县地处孔孟之乡，历史悠久，文化灿烂。在这里，流传着“五里三贤”的佳话。“五里三贤”说的是春秋末年孔子的三位弟子闵子骞、樊子迟、宓（fú）子贱在为孔子守孝后，一同迁居济宁鱼台，并且在此授徒讲学。因为他们彼此居住的地方相隔不到五里地，又都身居“七十二贤人”之列，后世便称鱼台为“五里三贤之地”。

“三贤”中的樊子迟，是孔子重要的弟子之一。他勤学好问，求知心切，多次求问孔子有关“孝”“仁”“智”的问题。有一次，樊子迟陪孔子散步，行至城南舞雩（yú）台下，见一老农在菜地劳作。樊子迟就问孔子如何种菜，孔子说：“回答这个问题，我不如种菜的农民啊。”樊子迟就一边细心观察老农种菜，一边询问老农种菜的方法。樊子迟经常利用陪老师散步的机会提问求学，解开了很多疑惑，仅仅三年，其礼、乐、射、御、书、数六艺精通，这在孔子

弟子中是少有的。

同学们，樊子迟是我们家乡的名人，是我们身边可以学习的榜样。读完他的故事，你明白了什么道理？

吟一语

业精于勤，荒于嬉；行成于思，毁于随。

——【唐】韩愈《进学解》

宝剑锋从磨砺出，梅花香自苦寒来。

——《警世贤文》

世上无难事，只要肯登攀。

——毛泽东

增一智

冰心说：“成功的花，人们只惊羡她现时的明艳。然而谁又知道，当初她的芽儿，浸透了奋斗的泪珠，洒遍了牺牲的血雨！”

同学们，业精于勤而荒于嬉，世界上没有绝对的天才，大多数人都是靠后天的努力才取得成功的。要想做好一件事，必须持之以恒、坚持不懈，付出艰苦的努力。

立于世

当代中国少年儿童既是实现第一个百年奋斗目标的经历者、见证者，更是实现第二个百年奋斗目标、建设社会主义现代化强国的生力军。希望广大少年儿童刻苦学习知识，坚定理想信念，磨练坚强意志，锻炼强健体魄，为实现中华民族

伟大复兴的中国梦时刻准备着。

——2020 年 5 月 31 日，习近平向全国各族少年儿童致以节日的祝贺。

荐一书

行一程

同学们，下图中这座建筑是位于山东省临沂市的王羲之故居。这是一座美丽的古典园林，是王羲之小时候居住的地方，现在还保留着他练字洗笔的“墨池”呢。有机会一定要去看一看啊！

王羲之故居

习近平号召青少年要“爱读书、读好书、善读书”，因为只有吸纳丰富的知识、理论营养，才能充实自己，提高自己。

第三节
学问决不能使诚心求她的人失望

学一言

学问决不能使诚心求她的人失望。

【解读】学问是无止境的，所以当你暂时成功的时候，千万不要满足；当你不幸失败的时候，亦不要因此灰心。

识一人

屠呦呦

在共和国勋章获得者中，有一位面容慈祥的老奶奶，她的名字叫屠呦呦，是浙江宁波人。

屠呦呦60多年来致力于中医药

研究实践，带领团队攻克难关，发现了青蒿素，挽救了全球数百万疟疾患者的生命。屠呦呦为中医药科技创新和人类健康事业做出了巨大贡献，获得 2015 年诺贝尔生理学或医学奖。

知一事

诗意家庭铸就非凡人生

1930 年，小女儿的出生使屠濂规沉浸在幸福之中。他随口吟诵出《诗经》中著名的诗句“呦呦鹿鸣，食野之蒿”，于是便给小女儿取名呦呦。从此，屠呦呦的一生便与青蒿结下了不解之缘。

屠家对子女教育一贯重视，在那个还有不少女孩被迫缠足、在家洗衣做饭的年代，屠家的女儿就必须去读书。按照父母的安排，屠呦呦开始了求学之路。

屠濂规是一名银行职员，平时喜好读书。家中楼顶那个摆满古籍的小隔间，既是父亲的书房，也是屠呦呦最爱的去处。父亲看书时，屠呦呦也会坐在一旁，装模作样地摆本书看。虽然看不太懂文字部分，但是中医药方面的书大多配有插图，这让屠呦呦十分享受

那段简单而快乐的读图岁月。家庭的熏陶，也让屠呦呦对医药渐生兴趣，指引着她最终成功提取了青蒿素，挽救了无数人的生命。

屠呦呦的成功与崇尚学习的家风密不可分。哥哥屠恒学曾在赠给她的照片的后面写道："呦妹：学问是学无止境的，所以当你局部成功的时候，你千万不要认为满足，当你不幸失败的时候，你亦千万不要因此灰心。呦呦，学问决不能使诚心求她的人失望。"那年屠呦呦 14 岁。

在提取青蒿素的过程中，屠呦呦和她的团队克服重重困难，历经千辛万苦。在失败面前，他们不言弃，始终执着地追求。为了检验药物的效果，屠呦呦甚至亲自口服药物，检验药物在自己身上的反应，以保证万无一失，她的肝脏因此受到损伤。屠呦呦牺牲了自己的健康换来大家的健康，换来人类的科学进步。

世世为儒，许下半城辉煌

在济宁老城区，坐落着玉堂酱园，它的酱菜曾为慈禧太后所钟爱，也因此闻名天下。而玉堂酱园的经营者，就是济宁孙氏家族。

在济宁流传着有关孙氏家族的民间歌谣：“半城财富是孙家，半城文章是孙家，半城人才是孙家。”“世世为儒，诗书传家”是孙氏家族的家风，无论过去还是当下，文化学习一直是孙氏家族对子女最大的期望。孙氏后人孙祥生，经历了“文化大革命”后，自学考上了大学，成为一名人民教师。他介绍说：“以前家里所有的官员，都不是世袭的，而是凭借努力学习考上的，这一点就是我们的家风。这些年，即使家中条件再差，也从未有因此放弃学业的子弟。”

明一理

礼乐传家久，诗书继世长

在孔庙东路有一座著名的建筑——诗礼堂，相传这就是孔子对儿子孔鲤庭训的地方。

一个阳光明媚的早晨，孔鲤走进自家庭院，发现父亲孔子正站在那里。孔鲤低下头，恭恭敬敬地迈起小步，想从一旁快速溜过去。孔子喊住了他：“跑这么快干什么呀？来，告诉我，今天有没有学习《诗经》

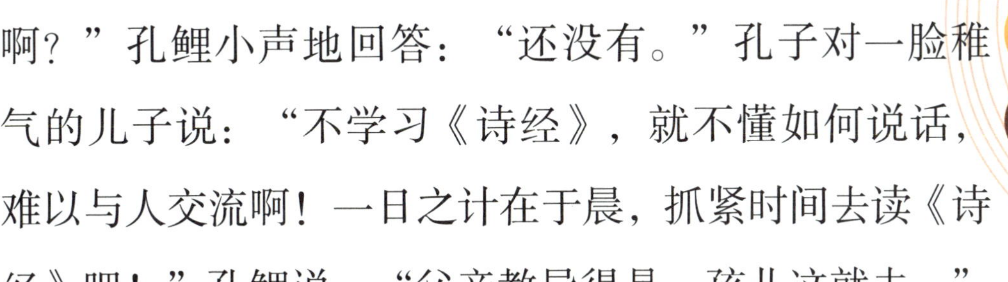

啊？”孔鲤小声地回答：“还没有。”孔子对一脸稚气的儿子说：“不学习《诗经》，就不懂如何说话，难以与人交流啊！一日之计在于晨，抓紧时间去读《诗经》吧！”孔鲤说：“父亲教导得是，孩儿这就去。”

过了几天，孔子在庭院里又看见孔鲤从一旁经过，便问：“今天学礼了没有？”孔鲤羞红了脸说：“还没有。”孔子语重心长地说：“不学习礼，就不懂得如何做人做事，将来无法立足于社会啊！”孔鲤说：“是，孩儿这就去学习礼。”

“孔鲤过庭”的故事历来被传为美谈，“不学诗无以言，不学礼无以立”的庭训也被传承下来，成为孔氏家族的家风家训。

同学们，先贤们已离我们远去，但我们仍可以通过阅读图书感受他们的人品风格。你家中的图书一角是怎样的呢？快来跟大家分享一下吧！

吟一语

冬夜读书示子聿

【宋】陆游

古人学问无遗力，少壮工夫老始成。

纸上得来终觉浅，绝知此事要躬行。

增一智

每年的 4 月 23 日是“世界图书日”，目的是推动更多的人去阅读和写作。

同学们，读书可以积累知识、增长学问，更是振奋精神、提升修养的重要途径。正如世界读书日的宣言所说：“希望散居在全球各地的人们，无论你是年老还是年轻，无论你是贫穷还是富有，无论你是患病还是健康，都能享受阅读带来的乐趣，都能尊重和感谢为人类文明做出巨大贡献的文学、文化、科学思想大师们，都能保护知识产权。”

立于世

读书最可贵的是终身坚持，无论处于哪个年龄段都孜孜不倦地读书。

——2009 年 5 月 13 日，习近平在中央党校 2009 年春季学期第二批进修班暨专题研讨班开学典礼上的讲话。

荐一书

行一程

同学们，右图就是位于曲阜孔庙的诗礼堂，相传“孔鲤过庭”的故事就发生在这里。有机会你也去游览一番吧！

诗礼堂

与父母言

帮助未成年人树立正确的成才观，引导其培养广泛兴趣爱好、健康审美追求和良好学习习惯，增强科学探索精神、创新意识和能力。

——《中华人民共和国家庭教育促进法》

第二章 立志

孔子“十五而志于学”。他以“三军可夺帅也，匹夫不可夺志也”的恢宏气度阐明了坚守志向的重要。“岁寒，然后知松柏之后凋也。”古往今来，无数仁人志士就是凭借高贵的品格、远大的志向、坚韧不拔的意志取得了举世瞩目的成就。

诸葛亮立志“匡扶汉室”，教育子孙后代要“淡泊以明志”；范仲淹“家贫志不移，贪读如饥渴”；张载更是以“为天地立心，为生民立命，为往圣继绝学，为万世开太平”来阐述他远大的理想和抱负。他们明志、笃志、酬志，激励着无数中华儿女奋勇争先，成为我们的精神力量！

做人做事，先要立志。立志就是树立目标，确立志向。个人需要目标，家庭需要目标，国家也需要目标。

第一节
非淡泊无以明志，非宁静无以致远

学一言

非淡泊无以明志，非宁静无以致远。

【释义】不把名利看得轻淡，就不会有明确的志向；不安定静心，就不能达到远大的目标。

识一人

诸葛亮（181—234），字孔明，号卧龙，三国时期蜀汉丞相，中国古代杰出的政治家、军事家、文学家、发明家。由于《三国演义》的传播影响，诸葛亮这个人物可谓家喻户晓，在民间成为智慧的象征。

知一事

诸葛亮教子

提起诸葛亮，我们会想起《草船借箭》《赤壁之战》等故事，并深深地被他的神机妙算折服。不仅如此，在子孙的成长方面，他也是深谋远虑。

诸葛亮像

诸葛亮虽然身为蜀国的丞相，但是并没有为子孙多置留家产，因为他不想让子孙在优渥的环境中成为“骄奢淫逸”之人。他认为简朴的生活环境更能使人意志坚韧，有利于子孙后代成为对国家有用的人。

临终前，诸葛亮把对儿子的谆谆教诲写进《诫子书》，讲明修身养性的途径和方法，也指明了立志与学习的关系。他给儿子指出了树立远大志向的两个条件：一是静，二是俭。他告诉儿子，君子是通过“宁静”来提高自身的修养，通过“节俭”来培养高尚的品德，不恬静寡欲就无法明确志向。他告诫儿子的同时也希望子孙世世代代将“淡泊明志，宁静致远”的家风传承下去。

徐霞客“志在四方”

孟子曰：“尽信书，不如无书。”徐霞客小时候读书无数，善于独立思考，并能对书中的问题提出自己的见解。一次，他对私塾里的小伙伴说：“我发现前人写的这些地理书，互相抄录，没有经过实地考察，缺少真实性。就拿专门记述河流和山脉的书来说，也只是谈到中国的，不知道世界之宽之大，这些资料并不完全可靠！”其他小伙伴读的书没有徐霞客多，听到徐霞客的评论都惊呆了。徐霞客接着说：“要想了解祖国地理面貌的真实情况，就必须进行实地考察。”从此，“大丈夫当朝碧海而暮苍梧”的旅行大志在徐霞客幼小的心灵里生根发芽了。

1607 年，徐霞客正在昏黄的灯下整理行装，准备远游。但他一想到将年迈的母亲一个人留在家中，心里就不禁感到一阵酸楚。母亲爱抚地对他说：“身为男子，应当志在四方！”鼓励他去游览祖国的名山大川，开阔眼界，增长见识，并特地为他缝制了远行时戴的帽子，以壮行色。

此后，徐霞客将绝大部分时间用在考察祖国河山的真实面貌上，“志在四方”成为他一生的志向，他也用一生证明了这四个字。他的著作《徐霞客游记》被誉为“千古奇书”，是他用毕生心血谱写的一曲对祖国大好山河的赞歌。

明一理

农山言志

有一天，孔子和子路、子贡、颜回师徒四人到农山去游玩。孔子对弟子们说：“君子登上高处，必讲讲自己的志愿。你们各自讲讲吧，我来听听。”

子路坦率地说：“在国家危难时，我愿挥动长戟（jǐ）带领三军冲锋在前，打败敌人。为国家消除战患、建功立业，是我的志愿。”孔子说：“你真勇敢，是一个勇士！”

子贡说：“当两国发生争端，两军对垒（lěi），将要战斗时，我凭借我的三寸不烂之舌，进行游说（shuì）。不费一兵一卒、一斗之粮，解救双方之难。”孔子说：“好一张利口，是一个辩士！”

轮到颜回了，他很谦逊，不肯说。孔子问：“你为什么不说呢？”颜回说：“文武两方面的事，他们二人都说了，我就不必说了。”孔子说：“各人有各人的志愿，各人有各人的想法，说说也无妨。”颜回说：“我希望遇到圣明的君主，辅佐他施行五教，用诗书礼乐教化人民，让人民安定。城墙也不用加固了，护城河也不用挖了，把剑、戟这些兵器销铸成农具来使用，平原、湖泽上放养成群的牛马。这样家家没有离别相思之苦，千年没有战争的忧患。那么，就不需要子路去征战，也不用子贡去说服了。”

孔子神情肃穆地说：“多么美好的德行啊！”

孔子循循善诱，告诉弟子德行的高尚才是立志之本。

吟一语

三军可夺帅也，匹夫不可夺志也。

——《论语》

志不强者智不达。

——《墨子》

穷且益坚，不坠青云之志。

——《滕王阁序》

燕雀安知鸿鹄之志哉！

——《史记》

增一智

志当存高远，也不能遥不可及，更不能志大才疏。为实现高远的志向，我们要从小培养自己坚韧不拔的意志、矢志不渝的恒心和铁砚磨穿的毅力。

立于世

要发扬优良传统，承担历史使命，把党和国家确定的奋斗目标作为自己的人生目标，以民族复兴为己任，自觉把人生理想、家庭幸福融入国家富强、民族复兴的伟业之中，做新时代的追梦人。

——2020 年 11 月 24 日，习近平在全国劳动模范和先进工作者表彰大会上的讲话。

荐一文

诸葛亮是一位品格高洁、才学渊博的父亲，对儿子的殷殷教诲与无限期望尽在《诫子书》中。这篇智慧理性、简练严谨的文章将普天下为人父者的爱子之情表达得非常深切，是后世学子修身立志的名篇，让我们一起读读吧！

行一程

诸葛亮文化旅游区位于山东省临沂市沂南县城区西部。这里山翠水清，风光秀美，整个山体遍布奇石，形态各异。这里建造了诸葛亮铜像、回音壁、八卦迷宫等景点，可以让我们充分领略一代智圣的丰功伟绩。

诸葛亮城

将才良相大都经历过艰苦环境的磨砺，越是艰苦的环境，越能磨炼品质，考验毅力。

第二节
家贫志不移，贪读如饥渴

学一言

家贫志不移，贪读如饥渴。

【释义】家虽然贫穷，但热爱读书的志向没有改变，热爱读书就像要吃饭、喝水一样。

识一人

范仲淹（989—1052），北宋时期杰出的政治家、文学家。

范仲淹像

他文武兼备、智谋过人，无论在朝主政还是出帅戍边，均系国之安危、时之重望于一身。其“先忧后乐”的思想和仁人志士的节

操，为儒家思想中的进取精神树立了一个新的标杆，是中华文明史上闪灼（zhuó）异彩的精神财富。

知一事

划粥断齑（jī）

范仲淹不到三岁时父亲去世，母亲谢氏吃尽苦头、饱受辛酸。在贫寒的生活中，谢氏以孟母自励，悉心教育范仲淹；范仲淹则以颜回为榜样，发愤成才。十几岁时，范仲淹便只身来到应天府书院学习经邦治国的知识，立志报国为民。为了节省粮食，他把凝固的粥分成若干块，把挖来的野菜切成碎末与粥混在一起，当作一天的饭食。这就是流传至今的划粥断齑。

这样的伙食非常糟糕！一天，范仲淹正在吃饭，他的同窗好友看到了，便拿出钱来让范仲淹改善一下伙食，范仲淹委婉又坚决地推辞了。他的朋友没办法，第二天送来许多美味佳肴，坚持让范仲淹接受。过了几天，当朋友再来拜访时，吃惊地发现他上次送来的鱼肉都发了霉，而范仲淹一筷子都没动。朋友很生气，对他说："希文兄，你也太清高了，一点吃的东西你都不肯接受，岂不让我们太伤心了！”范仲淹笑了笑说：“你误解我了，我是不敢吃啊！我担心自己吃了鱼肉之后，咽不下粥和野菜，不能磨炼我的心志。”朋友听了范仲淹的话，更加佩服他的坚强意志。

一次，有人问起范仲淹的志向。范仲淹说，要么当个好医生，要么当个好宰相，好医生为人治病，好宰相治理国家。这种不为个人升官发财而读书的伟大抱负，让周围的人非常敬佩。后来，范仲淹真的成了当朝宰相，提出许多利民富国的措施。

司马迁与《史记》

司马迁的父亲司马谈是汉武帝时期的太史令，专门负责管理天文历法和记载史事。他早就有心写一部通史，并做了长期的准备，但由于年老体弱无法完成这项浩瀚的工程，于是便把希望寄托在儿子身上。他悲泣着对儿子说：“我作为汉太史令，没有对孔子以来的这一段历史做出完备的记载，心中不安，死不瞑目！你要继承父志，千万不要忘记著书立说这件大事，千万不能让国家的史书中断了，千万不要忘记我没有

完成的大事啊！”

司马迁继任太史令后，发愤治史，昼夜编撰。后来他因为李陵辩白，触怒了汉武帝，被捕入狱，遭受了残酷的“宫刑”。受刑之后，司马迁因屈辱痛苦打算自杀，可想到写史书的理想尚未完成，于是忍辱负重，前后历时十多年，最终实现了父亲的遗志，写成了千古之绝唱——《史记》。

明一理

在陈绝粮

孔子 56 岁时，为了推行儒家治国之道，开始带着一些弟子周游列国。他们先后到过卫国、宋国等，都没有得到重用。当他们离开陈国南下去楚国时，走到陈蔡这个地方，粮米断绝，已经几天吃不上饭了。他们只好煮野菜充饥，弟子们面有菜色，一个个疲惫不堪，而孔子却照样弹琴、唱歌，泰然自若。

子贡走过来对孔子说：“像咱们这种处境，是不是可以说是走投无路了呢？”孔子答道：“坚守仁义之道的君子，在这混乱的环境中遭受到种种祸患，是很自然的事，怎么能说走投无路呢？一个有德的君子，即使遇到危难，也不要使自己的品德受损，越是穷困越应该坚定自己的志向。而小人一旦穷困，什么坏事都做得出来。”

“你看看，天寒地冻，大雪纷飞之时，才看出松柏挺拔的本性。当年齐桓公的霸业，来自他早年出奔莒国的流亡生活；晋文公的霸业，也来自他当年在外逃亡、在曹国受辱的生活；越王勾践的成功，来自他当年退守会稽（kuài jī）、卧薪尝胆的日子。这次陈蔡绝粮的厄运，对我孔丘来说，是考验我是不是真君子的很幸运的一件事。”孔子说着说着精神更加振奋，取过琴又弹了起来。子路也受他的感染，精神抖擞地手执盾牌随乐而舞动起来。子贡感慨地说：“天高，我难测；地厚，我难测。夫子的学问，也是深不可测、高不可及啊！”

孔子一生历经坎坷，他提倡“士志于道”，他是这样说的，更是这样做的。

吟一语

家训百字铭（节选）

【宋】范仲淹

孝道当竭力，忠勇表丹诚。兄弟互相助，慈悲无边境。

勤读圣贤书，尊师如重亲。礼义勿疏狂，逊让敦睦邻。

敬长与怀幼，怜恤孤寡贫。谦恭尚廉洁，绝戒骄傲情。

增一智

“有志者事竟成。”艰苦的环境有利于磨炼一个人的品格，激励一个人的斗志，增强一个人的能力。立业靠志气，志气是事业的脊梁。所以每个想为国家做出贡献的人，必须树立坚定的志向。

立于世

童年是人的一生中最宝贵的时期，在这个时期就注意树立正确的人生目标，培养好思想、好品行、好习惯，今天做祖国的好儿童，明天做祖国的建设者，美好的生活属于你们，美丽的中国梦属于你们。

——2015 年 6 月 1 日，习近平在会见中国少年先锋队第七次全国代表大会代表时的讲话。

荐一文

《岳阳楼记》是范仲淹应至交好友岳州知州滕宗谅之请为重修岳阳楼而创作的一篇散文。这篇文章通过写岳阳楼的景色以及阴雨和晴朗时带给人的不同感受，抒发了“不以物喜，不以己悲”的旷达之情，也表达了自己“先天下之忧而忧，后天下之乐而乐”的爱国爱民情怀。

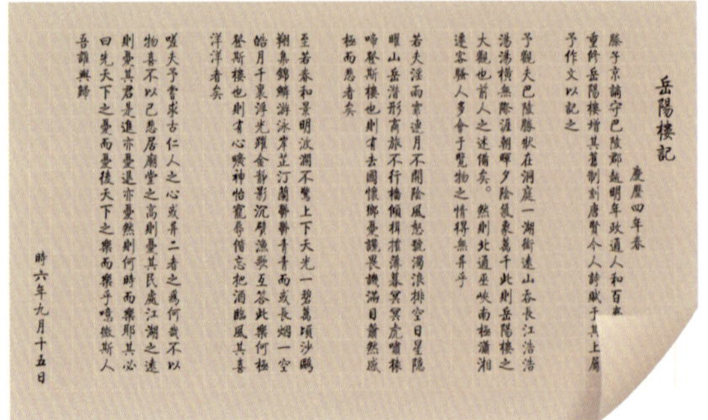

岳陽樓記

慶曆四年春

滕子京謫守巴陵郡越明年政通人和百廢
重修岳陽樓增其舊制刻唐賢今人詩賦于其上屬
予作文以記之

予觀夫巴陵勝狀在洞庭一湖銜遠山吞長江浩浩
湯湯橫無際涯朝暉夕陰氣象萬千此則岳陽樓之
大觀也前人之述備矣。然則北通巫峽南極瀟湘
遷客騷人多會于覽物之情得無異乎

若夫淫雨霏連月不開陰風怒號濁浪排空日星隱
曜山岳潛形商旅不行檣傾楫摧薄暮冥冥虎嘯猿
啼登斯樓也則有去國懷鄉憂讒畏譏滿目蕭然感
極而悲者矣

至若春和景明波瀾不驚上下天光一碧萬頃沙鷗
翔集錦鱗游泳岸芷汀蘭郁郁青青而或長烟一空
皓月千里浮光躍金靜影沉璧漁歌互答此樂何極
登斯樓也則有心曠神怡寵辱偕忘把酒臨風其喜
洋洋者矣

嗟夫予嘗求古仁人之心或異二者之為何哉不以
物喜不以己悲居廟堂之高則憂其民處江湖之遠
則憂其君是進亦憂退亦憂然則何時而樂耶其必
曰先天下之憂而憂後天下之樂而樂乎噫微斯人
吾誰與歸

時六年九月十五日

《岳阳楼记》

行一程

范仲淹纪念馆位于泰州兴化市。北宋天圣年间范仲淹任职兴化，筑海堤、建学馆、兴城市，实践其“先天下之忧而忧，后天下之乐而乐”的平生抱负。

范仲淹纪念馆

确立了远大、坚定的志向后，就要切实地去践行，为人类发展做出贡献。

第三节 为天地立心，为生民立命，为往圣继绝学，为万世开太平

学一言

为天地立心，为生民立命，

为往圣继绝学，为万世开太平。

【释义】为天地确立自己的心志，为百姓确立自己的使命，要继承古代圣贤崇高的优秀传统思想，要为后世开创千秋万代的太平基业。

识一人

张载（1020—1077），北宋哲学家、教育家、理学创始人之一。他生于长安（今陕西西安），后居陕西眉县横渠镇并在此讲学，世称“横渠先生”。张载

博览群书，其学以《易》为宗，以《中庸》为体，以孔、孟为法，被后人称为“关学”。

张载像

知一事

家规家训泽被后世

张载作为“关学”的创始人，一生大部分的精力都用于著书立说和教书育人。他从自身做起，高度重视对家族子弟人文素质的培养，始终把道德礼仪贯穿于家族教育和整个教学过程之中。针对家族人员，张载制定了家规家训，规范了族人生活中要遵守的方方面面，至今仍闪烁着智慧的光芒。

另外，张载书于书院大门两侧的《西铭》《东铭》训辞，是家族子弟与学生必须烂熟于心的座右铭。《西铭》强调要有博大的胸怀，孝顺长辈，慈爱孤弱，救济天下困苦百姓；《东铭》强调做人要诚实，既不要欺骗别人，也不要自欺欺人。

张载的家规家训既有思想境界很高的“四为”，也有规范具体言行的“十戒”，为后裔子孙确立了精神思想的追求方向和立身处世的行为准则，至今仍被张氏子孙铭记于心，世代传承，并且传遍关中平原、三秦大地，影响深远。

中国共产主义运动的先驱——李大钊

李大钊幼年读书的时候，中国正处于半殖民地半封建社会。帝国主义的蛮横侵略和中国人民的英勇反抗，在李大钊幼小的心灵里留下了深深的烙印。青年时代，他东渡日本考入东京早稻田大学学习。那时，他感受到了日本多元的思想氛围并有幸接触到了马克思主义。而当时的中国社会黑暗、民不聊生，于是他回到祖国，立志要为苦难的中国寻求出路。

在那个风雨飘摇的年代，李大钊毫不犹豫地成为“铁肩担道义，妙手著文章”的斗士。在马克思主义的引领下，俄国十月革命取得了胜利，极大地鼓舞和启发了李大钊，他坚信只有马克思主义才能救中国。

他先后发表了《庶民的胜利》《我的马克思主义观》等几十篇文章宣传马克思主义思想。同时，他在北京大学发起组织了马克思学说研究会，建立了中国共产党早期组织，并参加了反对日、英帝国主义和反对军阀张作霖、吴佩孚的斗争。

1927 年 4 月 6 日，张作霖勾结外国势力逮捕了李大钊等 80 余人。李大钊备受酷刑，但始终大义凛然、坚贞不屈。4 月 28 日，反动军阀不顾广大人民群众和社会舆论的强烈反对和谴责，悍然将李大钊等 20 位革命者绞杀在北京西交民巷京师看守所。李大钊第一个走上绞架，从容就义，时年 38 岁。

明一理

世界大同，天下一家

《礼记·礼运》中记载了孔子的一段话："大道之行也，天下为公。选贤与能，讲信修睦。故人不独亲其亲，不独子其子，使老有所终，壮有所用，幼有所长，矜（guān）、寡（guǎ）、孤、独、废疾者，皆有所养，男有分，女有归。货恶其弃于地也，不必藏于己；力恶其不出于身也，不必为己。是故谋闭而不兴，盗窃乱贼而不作，故外户而不闭。是谓大同。"这段话描述了孔子理想的大同世界。在大同世界里没有战争，人人和睦相处，丰衣足食，安居乐业。

孔子的"大同"思想在今天有了强有力的回音。2017年1月18日，习近平主席在瑞士日内瓦发表题为《共同构建人类命运共同体》的主旨演讲，阐述"人类命运共同体"理念，即建设一个持久和平、普遍安全、共同繁荣、开放包容、清洁美丽的世界。"大同"思想和"人类命运共同体"理念高度契（qì）合。

个人的奋斗目标和国家的奋斗目标是分不开的，继承圣贤的智慧并发扬光大，努力为国家做出贡献，是我们立志的根本出发点！

吟一语

张载家规家训“六有”

言有教，动有法，昼有为，

宵有得，息有养，瞬有存。

增一智

张载的家规家训，熏陶了代代张氏家族子弟，不仅传遍关中平原、三秦大地，更成为中华民族优秀传统文化的重要内容。

立于世

要从小学习立志。志向是人生的航标。一个人要做出一番成就，就要有自己的志向。一个人可以有很多志向，但人生最重要的志向应该同祖国和人民联系在一起，这是人们各种具体志向的底盘，也是人生的脊梁。

——2015 年 6 月 1 日，习近平在会见中国少年先锋队第七次全国代表大会代表时的讲话。

荐一书

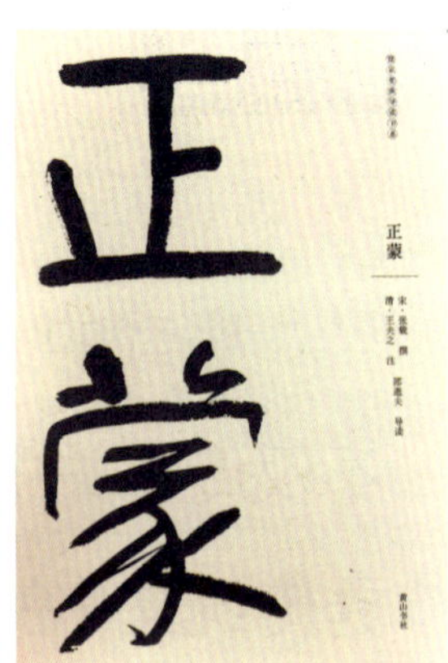

《正蒙》，亦名《张子正蒙》。蒙，即蒙昧未明；正，即订正。意即从蒙童起就应加以培养。张载说：“养其蒙使正者，圣人之功也。”书名由此而来。

行一程

张载祠前身为崇寿院，张载年少时在此读书，晚年隐居后一直在此兴馆设教。张载去世后，人们为了纪念他，将崇寿院改名横渠书院，元代在其旧址上建张载祠。

张载祠

与父母言

教育未成年人爱党、爱国、爱人民、爱集体、爱社会主义，树立维护国家统一的观念，铸牢中华民族共同体意识，培养家国情怀。

——《中华人民共和国家庭教育促进法》

孔子是春秋时期最博学者之一，他的言行举止对后世产生了深远的影响，而记录孔子及其弟子言行的著作《论语》一书，在几千年的历史中，也一直被后人推崇为经典。

大清相国陈廷敬出生在一个以儒为业的文化世家，他从小就熟读儒家经典，“崇儒经且致于用”的思想为其政绩卓越的为官生涯奠定了基础。

晚清名臣左宗棠自幼便诵读《论语》，成年后更是以“君子有三畏：畏天命，畏大人，畏圣人之言”这一《论语》中的名言勉励自己，不断修身养性，终成大器。

“诚信者，天下之结也。”所谓诚信，就是要诚实守信，它自古以来就是世人公认的美德。

第一节
人而无信，不知其可也

学一言

人而无信，不知其可也。

【释义】一个人如果失去了信用，真不知道他还可以做什么事情。

识一人

孔子像

孔子（公元前551—前479），名丘，字仲尼，春秋时期伟大的思想家、教育家，儒家学派创始人。

孔子一生致力于教育事业。在办学方面，他打破了教育垄断，开了私学之先河，门下弟子三千、贤人七十二。他的很多弟子成为国家栋梁。《论语》是一部记录孔子及其弟子言行的儒家经典。

孔子的思想对后世影响深远，他也被后世尊为“至圣先师”“万世师表”。

知一事

子贡问政

子贡，孔子门生中七十二贤之一，是孔子的得意学生。

有一天，子贡向孔子请教应该如何理政。孔子回答说：“需要备足粮食，充实好军备，并且百姓要信任国家。”子贡说：“如果迫不得已要去掉一项，在这三项之中去掉哪一项好呢？”孔子说：“去掉军备，毕竟饭还是要吃的。”子贡又问：“如果迫不得已还要去掉一项，在剩下的两项中又该去掉哪一项呢？”孔子说：“那就去掉粮食吧，因为自古以来谁都免不了一死，没有粮食不过是饿死罢了，但一个国家如果不能得到百姓的信任就会垮掉。”由此可见，诚信对于一个国家来说有多么重要。而作为中华儿女，我们要成长，要成才，首先就应该努力做到诚实守信。

莫道无人见，存心有“四知”

——邹城市上九山村王记酒坊

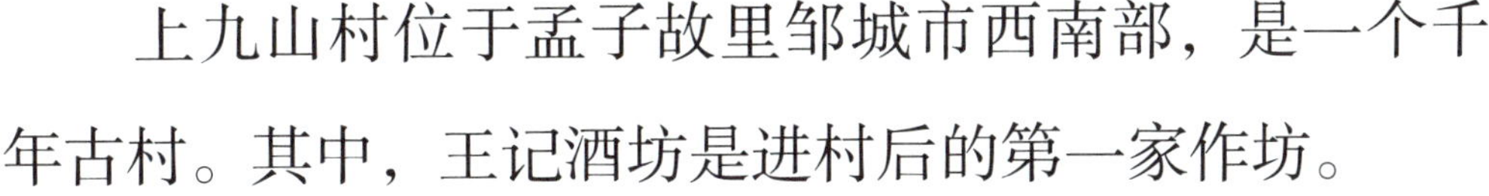

上九山村位于孟子故里邹城市西南部，是一个千年古村。其中，王记酒坊是进村后的第一家作坊。

酒坊始建于清朝末年，创始人王氏兄弟为了获得更多的收益，掺水卖假酒。他们的父亲知道了以后，不仅把所有的钱归还了买家，还把掺水的酒全部倒掉，让儿子在村口跪了一天。他对儿子说：“莫道无人见，存心有‘四知’（天知、地知、你知、我知）。要想把酒坊做大，必须诚信立业，方能长久。”

兄弟二人将父亲的忠告铭记于心。本来酒坊只有两间茅草屋，后来发展成上九山村最大的酒作坊，而王氏兄弟利用上九山的天然泉水和当地的优质高粱酿酒，酿出的酒口感纯正，味道甘甜，在附近的几个县城里都享有盛名。如今，王记酒坊依然秉承传统经营理念，手工酿酒，童叟（sǒu）无欺，吸引了许多回头客。

明一理

赊小鸡秋后算账，讲诚信声名远播

在以经商为主要营生的上九山村，曾经流行这样一种买卖方式，叫作“赊（shē）小鸡”。主家卖了小鸡先不收钱，而是在本子上记下买家的名字和应付钱数，等秋后再上门结账，这也就是“秋后算账”的来历。

因为村户手里没有钱，而母鸡养半年就能下蛋，用鸡蛋可以换些盐米，日子才有了滋味和盼头，所以没人愿意要公鸡。上九山村民把小鸡赊给陌生人时，很难辨别雏鸡是公、是母，所以还有一条规定：秋后算账时，是母鸡，要正常价；是公鸡，少要钱。因此，“赊小鸡”这门生意，买卖双方都要讲诚信，公就是公，母就是母，不能说假话，也不能赖账，这样双方才能取得互相的信任。

这种以“信”字为特色的贩售方式，不仅让上九山村的老老少少几乎没饿过肚子，而且也使他们与附近村子友好相处。大家都把买卖和“诚信”二字紧紧连在了一起，让整个上九山声名远扬。中国古代这种民风民俗值得赞扬。

在上九山村，“诚信”二字勾勒出绵延不衰的诚信风尚脉络，讲述千年，还在延续……

吟一语

子曰：“人而无信，不知其可也。大车无輗，小车无軏，其何以行之哉？”

——《论语·为政》

【释义】輗（ní）：古代大车车辕前面横木上起串联固定作用的榫（sǔn）头。軏（yuè）：古代大车车辕与前面横木相连接的部件。

孔子说：“一个人如果失去了信用，真不知道他还可以做什么事情。好比大车没有了輗，小车没有了軏，它靠什么行走呢？”

增一智

诚信，不仅是我们小学生要遵守的一项行为准则，更是每一个家庭宝贵的家风家训和全社会的美德。子贡问政、诚信上九山 …… 一个个诚信故事告诉我们：从小就要做一个讲诚信的人。

立于世

让社会主义核心价值观在少年儿童中培育起来，家庭、学校、少先队组织和全社会都有责任。

——习近平在参加北京市海淀区民族小学庆祝“六一”国际儿童节活动时的讲话，2014 年 5 月 30 日。

荐一书

行一程

曲阜，孔子故里，东方圣城，东方文化重要发祥地。“有朋自远方来，不亦乐乎”，这座蕴藏了千年文化的古城，正迎接着我们每一个人的到来。

孔庙大成殿

“国无廉则不安，家无廉则不宁。”清廉家风是家庭幸福长久的保障。家庭中人人洁身自爱、重义轻利，才能经得起诱惑，受得了清贫，留得住气节。

第二节
清贫耐得始求官

学一言

清贫耐得始求官。

【释义】一个人要耐得住清贫才能出来做官。

识一人

陈廷敬像

陈廷敬（1638—1712），字子端，号说岩，晚号午亭，清代泽州府阳城(今山西省晋城市阳城县)人。他一生为政清廉，《清史稿》给他以“清勤”的评价。

陈廷敬擅长诗文，博学多才，

一生编有多部著作。其中属于他个人的诗、文集主要有《午亭文编》《河上集》《参野诗选》等。多次主持编撰（zhuàn）国家典籍史志，主要有《大清一统志》《康熙字典》等。

知一事

清贫耐得始求官

陈廷敬做官以后，他的父母亲就经常告诫他不能有贪心。康熙元年，陈廷敬回家探亲，当时他还是翰林院的一个小官，他的父亲陈昌期了解到他做官的情况后说："你能够保持廉洁正派的品格，对我来讲是最难得的回报。"康熙四年，陈廷敬回京赴任的时候，母亲张氏为他整理行装，对他说："你的一切花销，家里都会想办法帮你解决，千万不要贪朝廷的便宜。"

在内阁期间，其弟陈廷弼（bì）官任广东粮驿巡道，被人揭发贪污。遇到这样的事，陈廷敬大权在握应不难摆平。但他闻讯后，根本不考虑如何为其弟开脱，而是写诗告诫子孙："凭寄吾宗诸子姓，清贫耐得始求官。"看似简单的一句话，却教育着一代又一代的陈氏后人。

“白衣尚书”——郑均

郑均是今山东省济宁市太白湖新区人，“白衣尚书”是东汉时期郑均的称号。

郑均像

相传，郑均的哥哥在任城县做一个小吏，经常收受礼物，郑均多次劝告他都不听。见劝说不成，郑均决心用实际行动教育哥哥，便去给人家做佣人。辛辛苦苦干了一年多，郑均将挣得的钱财全部送给哥哥，并说：“钱是身外之物，失去还可以通过自己的努力再次得到，但做官如果贪赃枉法定会受到法律的惩处。”哥哥听后百感交集，悔愧万千，从此廉洁自律，成为一名清廉官员而为人称颂。

后来郑均做了尚书，依然勤恳正直，皇帝也很敬重他。晚年，郑均主动请辞尚书，回归任城故里。皇帝出巡路过此地，赐他以美酒、羔羊和尚书衣冠。公元85年，皇帝千里迢迢亲临任城，当面赐郑均终身享

受尚书俸禄。他也因此被人们尊称为“白衣尚书”。

明一理

为官有风骨，清望冠一时

吴岳，字汝乔，号望湖，今山东省济宁市汶上县南旺镇人，在隆庆年间先后任南京礼部、吏部、兵部尚书。

吴岳升任户部郎中不久，就被派往各地督饷。其中一个下属想贿赂他，对他说：“这只是一点小钱儿，并不在账目上，您收下不会有人知道的。”吴岳听后勃然大怒，斥责道：“这些剩余的饷钱全都来自百姓，我没有通过劳动就得到它们，天理不容！”并当即向皇帝奏明此事。到庐州之初，他首先免去部分吏役仆从，带头去做杂役，以此来影响下属。赴京上任，途经老家南旺村小住，而家中只有几间草房，只能借住在寺庙中。不幸的是，此时吴岳身染重病，临终前他还嘱咐儿孙不要接受朝廷的抚恤和恩赐。

小朋友们，读了这些家风故事，你想说些什么呢？

吟一语

子曰："饭疏食，饮水，曲肱（gōng）而枕之，乐亦在其中矣。不义而富且贵，于我如浮云。"

——《论语·述而》

【释义】孔子说："吃粗粮，喝白水，弯着胳膊当枕头，乐趣也就在这中间了。用不正当的手段得来的富贵，对于我来说就像是天上的浮云一样。"

增一智

一个人能否廉洁自律，最大的诱惑是自己，最难战胜的敌人也是自己。勤者不贫，廉者不腐，这一美好的品质是我们每个家庭最大的财富。

立于世

领导干部特别是高级干部要明大德、守公德、严私德，做廉洁自律、廉洁用权、廉洁齐家的模范。

——习近平：《增强推进党的政治建设的自觉性和坚定性》，2018 年 6 月 29 日。

荐一书

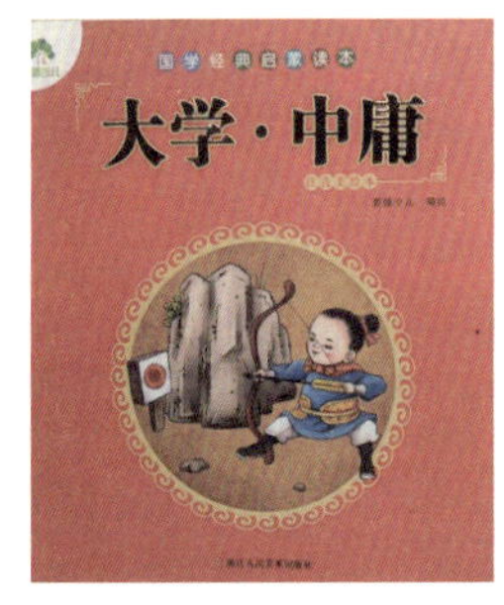

行一程

陈廷敬故居——皇城相府，位于山西省晋城市。此建筑枕山临水，依山而筑，至今仍流传着陈氏家族为官清廉的故事。小朋友们，想不想去看看呢？

皇城相府

曾国藩曾说，交友的贤良与否关乎人生的成败，可见朋友对一个人的影响之大、之深。

第三节
慎交友，勤耕读

学一言

慎交友，勤耕读。

【释义】一个人要慎重结交朋友，勤奋耕田读书。

识一人

左宗棠像

左宗棠（1812—1885），晚清政治家、军事家，洋务派代表人物，与曾国藩、李鸿章、张之洞并称“晚清四大名臣”。

左宗棠不仅攻读儒家经典，而且涉猎经世致用之学，将那些涉及中国历史、地理、军事、经济、水利等内容的名

著视为至宝，这对他后来带兵打仗、施政理财有很大的帮助。

知一事

远离纨绔（wán kù）“友”，读书不唯名

左宗棠教育后代要勤于修身，耕读传家，绝不能忘本，坚决远离不务实际的虚华浪费之风。对于子女与朋友结交，左宗棠尤为重视。当他得知长子孝威与一纨绔子弟结交时，忙写信责备。他对侄子也提出一样的要求：“你如今住在省城，周围的环境和从前在乡下时大不相同。希望你不要和市井小人混在一起，整日无所事事。”受这一家训的影响，左家子弟虽然成就很大，却从未沾染任何不良习气。同时，左宗棠还多次告诫子女“勤耕读”，勉励子女治有用之学、成经世之才。

左宗棠倡导的“勤于修身、慎重交友、为国苦读”家教思想，对于我们新时代的青少年仍然具有重要的指导意义。

交友需慎，择善而交

1928 年，刘伯承以优异的成绩赴苏联伏龙芝军事学院深造。在学习和理论研究方面，当时与他交流最多、最深的是左权。

左权是黄埔军校一期的一名优秀学员。在两个人交流的过程中，刘伯承发现左权为人极为忠厚、诚恳，对革命无比忠贞，于是十分喜欢与这个小自己十几岁的同学探讨疑难问题，交流学习体会。刘伯承在后来回忆左权时说：“记得他在学习中，凡教员指定的参考书籍必阅读……他在自修与教学时，非常勤勉虚心，笔记教材都整理有序。”刘伯承对左权的品行和学业不仅十分钦佩，而且非常注重学习吸取，用以充实提高自己。

左权对刘伯承则更加钦佩、尊敬。他感到刘伯承并不因为革命资历深、贡献大而摆官架子，更不因实践经验丰富而炫耀自夸。

1937 年 8 月，根据中共中央革命军事委员会的命令，这对患难与共的好同学、好朋友又一道奔赴华北抗日前线，为中国的解放做出了突出贡献。

明一理

益者三友

子曰："益者三友，损者三友。友直，友谅[1]，友多闻，益矣。友便辟[2]，友善柔[3]，友便佞[4]，损矣。"

——《论语·季氏》

【释义】①谅：诚实。②便辟（pián pì）：惯于走邪道。③善柔：表面恭顺，口是心非。④便佞（pián nìng）：花言巧语，夸夸其谈。

孔子说："有益的朋友有三种，有害的朋友有三种。同正直的人交友，同诚信的人交友，同见闻广博的人交友，便有益。同惯于走邪道的人交友，同表面奉承、背后口是心非的人交友，同花言巧语的人交友，便有害。"

听了孔夫子的话，你想和什么样的人交朋友呢？

吟一语

近朱者赤，近墨者黑。

——【晋】傅玄

择友如淘金，沙尽不得宝。

——【唐】李咸用

桃花潭水深千尺，不及汪伦送我情。

——【唐】李白《赠汪伦》

莫愁前路无知己，天下谁人不识君？

——【唐】高适《别董大》

增一智

“与善人居，如入芝兰之室，久而不闻其香，即与之化矣；与不善人居，如入鲍鱼之肆，久而不闻其臭，亦与之化矣。”作为小学生的我们，

更应该多与那些品德高尚的人交往，让朋友的芝兰之香陶冶内心。

立于世

我们要做同甘共苦、守望相助的好兄弟。“以心相交者，成其久远。”

——2014 年 11 月 21 日，习近平在斐济媒体发表《永远做太平洋岛国人民的真诚朋友》署名文章

荐一书

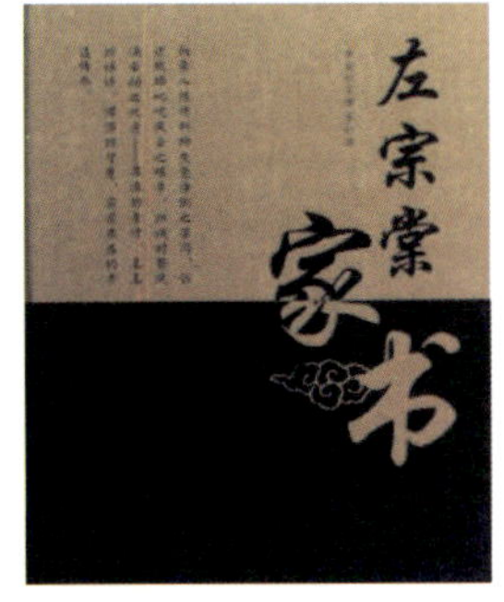

行一程

左宗棠故居——柳庄，位于湖南省湘阴市。这里记录了左宗棠隐居时的耕读事迹，展现了他忧国忧民的博大胸怀。小朋友们，有机会一定要去看一看呦！

柳庄

与父母言

父母或者其他监护人应当树立家庭是第一个课堂、家长是第一任老师的责任意识，承担对未成年人实施家庭教育的主体责任，用正确思想、方法和行为教育未成年人养成良好思想、品行和习惯。

——《中华人民共和国家庭教育促进法》

第四章 处世

孔子每到一个国家都能顺利地了解该国的政事，子禽大为不解："这些有关政事的消息是老师花功夫努力求来的，还是别人自愿告诉他的呢？"子贡解释说："老师他老人家温和、善良、恭敬、俭朴、谦让，他用这样的态度去对待别人，别人自然愿意把政事告诉他。"这就是中华传统美德"温良恭俭让"的来历。

"温良恭俭让"是儒家提倡的处世准则，指导我们要时刻保持善良的初心，在与他人相处时要宽容谦让、恭敬有礼，而独处时也应做到勤俭自律。

在历史的长河中，无数先贤用实际行动践行着这一美德：张英"让他三尺又何妨"的礼让，颜回、子贡对待老师的恭敬，朱柏庐"一粥一饭，当思来处不易"的勤俭，都是"温良恭俭让"的体现。时至今日，它仍对我们的为人处世有着重要的指导作用。

每个人都生活在群体中，我们的生活、学习都会与他人产生千丝万缕的联系。在与他人的交往中，坚持平等相待、诚实守信、宽容礼让等原则，能让我们拥有与他人携手并进的力量。

第一节
让他三尺又何妨？

学一言

让他三尺又何妨？

【释义】让给他三尺又有什么关系呢？

识一人

张英（1637—1708），安徽桐城人，清代名臣。一生清廉为官，谦恭礼让，“终生让路，不失尺寸”，德行操守堪为世人楷模。

张英出身于桐城世家大族——清河张氏。其父多次告诫他要努力读书、谦和交友、清廉节俭。张英一生牢

记父亲的言传身教，成就非凡。后来，张英以其亲身经历，结合古代圣贤的事例，创作了《聪训斋语》来教育子孙后代。儿子张廷玉在他的教导下也成为杰出的政治家。

知一事

“六尺巷”的故事

六尺巷壁画

清朝，安徽桐城有个著名的家族，父子两代为相，权势显赫，这就是张氏家族的张英、张廷玉父子。张家老宅与吴家为邻，两家之间有块空地，供双方来往交通使用。后来邻居吴家建房，要占用这个通道，张家不同意，告到县衙。因两家都是高官望族，县官不敢轻易了断。于是，张家人写了一封信给在北京当大官的张英，请他出面干涉此事。张英收到信件后，认为应该谦让邻里，就在回信中写了四句话：“千里修书只为墙，让他三尺又何妨？万里长城今犹在，不见当年秦始皇。”家人阅罢，明白其中意思，主动让出三尺空地。吴家见状，深受感动，也让出三尺房基地，这样就形成了一个六尺宽的巷子。两家礼让之举传为美谈。

负荆请罪

战国时期，蔺（lìn）相如在多次为国立功后被赵王封为上卿，位在大将廉颇之上。廉颇很不服气，扬言要当面羞辱一下他。蔺相如得知后，尽量回避、容让，不与廉颇发生冲突。

蔺相如的门客以为他畏惧廉颇，蔺相如却说：“秦国不敢侵略我们赵国，是因为有我和廉将军。我对廉将军容忍、退让，是把国家的危难放在前面，把个人的私怨放在后面啊！”廉颇听说后，深受感动，跑到蔺相如府上负荆请罪。从此以后，他们俩同心协力保卫赵国。

明一理

孔融让梨

东汉末文学家孔融有五个哥哥、一个弟弟。有一天，家里吃梨，让孔融先拿，结果孔融只拿了一个最小的。父亲问孔融：“这么多的梨，又让你先拿，你为什么不拿大的，只拿一个最小的呢？”

孔融回答说：“我年纪小，应该拿个最小的，大的留给哥哥吃。”父亲又问他：“你还有个弟弟哩，弟弟不是比你还要小吗？”孔融说：“我比弟弟大，我是哥哥，我应该把大的留给弟弟吃。”孔融上让哥哥，下让弟弟，大家都称赞他。《三字经》中“融四岁，能让梨”即出于此。

读了今天的家风故事，你明白了什么？知道该怎么做吗？

吟一语

严以律己，宽以待人。

——周恩来《团结广大人民群众一道前进》

欲行忍让之道，先须从小事做起。

——【清】张英《聪训斋语》

一言一动，皆思益人，而痛戒损人。

——【清】张英《聪训斋语》

增一智

你和小伙伴产生过矛盾吗？是因为什么呢？又是怎么处理的呢？待人大度，有气量、能容人、不斤斤计较，自古以来就是广为人所称道的品质。“金无足赤，人无完人。”既如此，何不宽厚待人？宽容，看似示弱，看似退让，其背后却是像大海一样的胸怀。

立于世

家庭是人生的第一个课堂，父母是孩子的第一任老师。孩子们从牙牙学语起就开始接受家教，有什么样的家教，就有什么样的人。家庭教育涉及很多方面，但最重要的是品德教育，是如何做人的教育。也就是古人说的“爱子，教之以义方”，“爱之不以道，适所以害之也”。

——2016 年 12 月 12 日，习近平在会见第一届全国文明家庭代表时的讲话。

荐一书

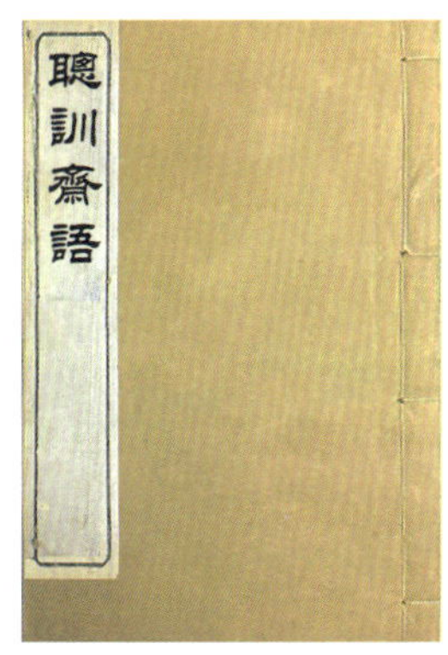

行一程

同学们，故事中的“六尺巷”就位于安徽省桐城的西南一隅，全长 100 米，宽 2 米，建成于清康熙年间，巷道两端立石牌坊，牌坊上刻着“礼让”二字。如果你有机会，一定要到那里去走一走、看一看。

六尺巷

教师是人类历史上最古老的职业之一，也是最伟大、最神圣的职业之一。人们常说："教师是太阳底下最崇高的职业。"自古以来，中华民族就有尊师重教、崇智尚学的优良传统，正所谓"国将兴，必贵师而重傅；贵师而重傅，则法度存"。

第二节
仰之弥高，钻之弥坚

学一言

仰之弥高，钻之弥坚。

【释义】孔夫子的道理，越仰望越觉得崇高，越钻研它，越觉得艰深。

识一人

颜回像

颜回（公元前521—前481），鲁国人，居住在陋巷（今山东省曲阜市旧城内的陋巷街，颜庙所在地）。

春秋末期鲁国思想家，孔门七十二贤之首。13 岁拜孔子为师，是孔子最得意的门生。

知一事

颜回尊师

有一次孔子和学生们周游列国时被困在路上，好几天没吃上一顿饭。孔子实在受不住，只好大白天躺下睡觉，想以此来忘却饥饿。孔子的大弟子颜回心疼老师，于是去向人乞讨，得到了一些白米，就高高兴兴地回来做起饭来。孔子这时刚好醒来，突然闻到一股扑鼻的饭香，便起来探看，正好看见颜回从锅里抓了一把米饭往嘴里送。孔子又高兴又生气：高兴的是有饭吃了，生气的是颜回竟然如此无礼，老师尚且未吃，他却自己先吃了起来。

过了一会儿，颜回恭恭敬敬地端来一大碗香喷喷、热腾腾的白米饭，送到孔子面前，请他进食。不料孔子一下子站起身来，说："刚才我在睡梦中见到去世的父亲，让我先用这碗白米饭祭奠他老人家。"颜回一把将那碗米饭夺了回去，说："不行！不行！这米

饭不干净，不能用它来祭奠先人！”孔夫子故作不解地问道：“为何说它不干净呢？”颜回答道：“刚才我煮饭时，不小心把一块炭灰掉到上面，我感到很为难，倒掉吧，太可惜了，但又不能把弄脏的饭给老师吃呀！后来，我把上面沾有炭灰的饭抓来吃了，这掉过炭灰的米饭怎能用来祭奠先人呢？”孔夫子听了颜回的话，恍然大悟，深感这个弟子是个贤德之人。

毛泽东主席和他的老师

毛泽东主席少时在东山学堂就读的时候，有晋先生是他的老师，二人结下了深厚的师生情谊。

有晋先生晚年因赋闲在家，便写信给毛主席，表示想到解放后的北京观光。中共中央统战部立即寄了200元钱邀请老人进京。

后来有晋先生定居北京。来京后不久，天气渐渐凉了下来。毛主席派秘书为老人一家四口添置了新的冬衣及床上用品。当老人一家流露出国家不必如此破费的意思时，秘书说：“这是主席嘱托办的，是用主席的稿费支付的。”后来毛主席还把自己穿过的呢子大衣和帽子送给老人挡寒。从此老人每逢五一、十一等重大庆祝活动，都会被接到天安门观礼；有湖南故旧到北京，老人也会被接去出席作陪。

明一理

“万仞宫墙”的来历

除了颜回，孔子的另一个弟子子贡也是尊师的楷模。子贡敬佩老师的才学。《论语》一书中记载了很多子贡向孔子讨教重要问题的故事。“万仞宫墙”的典故就是由子贡尊师而来。

万仞宫墙

一次，一名鲁国大夫在别人面前说子贡比老师孔子还聪慧贤德，子贡听说后非常气愤，立即驳斥他们，说老师的“围墙”高“数仞”，一般人自然看不到围墙内的富丽堂皇，而自己的围墙只不过齐肩高，大家自然都看见了。于是后世就用“万仞宫墙”来称颂孔子学识渊博高深而一般人

无法领悟其中的奥妙。现在孔庙的南门上就有乾隆御笔“万仞宫墙”石额。

除了敬佩老师的才学，子贡还感恩老师的教导。孔子去世后，众弟子为孔子守墓三年，然后各自离去，唯独子贡不畏守墓的艰苦，住草棚，吃素饭，远亲朋，又为孔子守墓三年，以此报答老师的教诲之恩。后人为彰显子贡尊师的德行，还建了“子贡庐墓处”。

读了今天的家风故事，你明白了什么？知道该怎么做吗？

吟一语

师者，所以传道授业解惑也。

——【唐】韩愈

为学莫重于尊师。

——谭嗣同

师道既尊，学风自善。

——康有为

增一智

尊敬老师是学生必须具有的基本的礼貌和品行。我们应该怎样做呢？

首先，要对老师有礼貌，见到老师主动问好。其次，还要尊重老师的劳动，上课认真听讲，课下认真对待老师批改的作业，听从老师的正确教导。

立于世

教师是传播知识、传播思想、传播真理的工作，是塑造灵魂、塑造生命、塑造人的工作，理应受到尊敬，要在全社会弘扬尊师重教的良好风尚。

——2016年9月9日，习近平在北京市八一学校考察时的讲话。

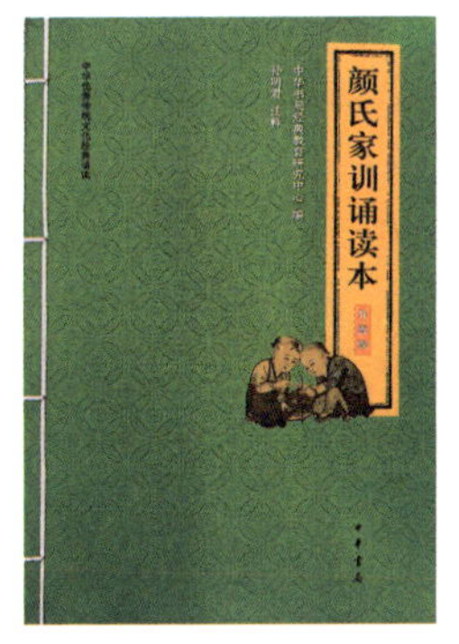

行一程

陋巷

同学们，颜回居住的陋巷就在我们济宁曲阜，颜回独自住在陋巷，过着极其简朴的生活，孔子夸他对物质生活的要求很低，“一箪（dān）食，一瓢饮，在陋巷”就足够了，但对于德行却有着很高的要求。为了纪念他，人们还在他住过的陋巷故址设立颜庙，也叫“复圣庙”，你也去看看吧！

勤俭节约是中国人的传统美德，是中华民族的优良传统。小到一个人、一个家庭，大到一个地区、一个国家，要想生存，要想发展，都离不开勤俭节约。

第三节
一粥一饭，当思来处不易

学一言

一粥一饭，当思来处不易。

【释义】喝每一碗粥，吃每一碗饭时，都应该想想这粥饭来之不易。

识一人

朱柏庐（1627—1698 年），明末清初江苏昆山人，著名的理学家、教育家。

朱柏庐终生没有做官，在家乡教授学生，提倡知行并进，躬行实践。他一生精神宁谧，严以律己，对他人以礼相待。他的著作《朱柏庐治家格言》被历代士大夫

朱柏庐像

尊为“治家之经”，清至民国年间一度成为童蒙必读课本。

其中，“一粥一饭，当思来处不易；半丝半缕，恒念物力维艰”广为流传。

知一事

朱柏庐勤俭自持

朱柏庐一生严以律己，勤俭治家，生活中处处以身作则。他常对妻子说：“生活中要节俭，教育子女时应遵守规矩法度。”70 岁生日时，家人给他祝寿，亲友纷纷登门并送来了礼品，但他一律谢绝，生日宴席上几乎全是素菜。妻子担心这样做会被人看不起，他却笑笑说：“自奉必须俭约。”

朱柏庐一生淡泊名利，为人极为低调。40 岁时，他精心创作的《朱子家训》已经广为流传，备受世人推崇，但他非常谦逊，从不宣扬这是自己的作品，以致在很长的一段时间内，人们都误以为这是南宋大儒朱熹所作。《朱子家训》在社会上产生了巨大影响。清代以来，江南苏州一带的读书人家几乎家家户户都备有这本书，用它来教育子孙。许多人家还挂着《朱子家训》的条幅、对联作为治家的座右铭。阮元、黄自元、林则徐、李鸿章等人都亲自抄写过这部经典。

周恩来总理的“三用”大衣

这件翻领、有腰带可系结的深褐色皮大衣静静地陈列在延安革命纪念馆中，它的主人是周恩来总理。这件制作精良的大衣，在革命战争年代，功能远远超出了简单的避寒与美观，被称为“三用”大衣，彰显了老一辈无产阶级革命家艰苦创业、勤俭节约的优良作风。

1940 年，周总理将这件皮大衣从苏联带回，在延安时期一直随身携带，时常穿着。1946 年，周总理就是穿着这件皮大衣赴重庆参加了政治协商会议，参与了《关于政府组织问题的协议》《和平建国纲领》等五项协议的签订，确定了民主改革的总方向，见证了党的民主统一战线的胜利。1947 年，中共中央和中国

“三用”大衣

人民解放军总部转战陕北。途中，周总理夏天把大衣当作雨衣来挡雨，冬天再让大衣回归“本色”来御寒，甚至晚上将大衣当作被子来保暖，“三用”大衣之名由此得来。

1964年8月5日，这件跟随周总理24年的皮大衣终于完成使命，陈列于延安革命纪念馆，并被定为国家一级文物。这件“三用”大衣，体现了中国共产党人艰苦朴素的革命精神和勤俭节约的生活作风。

明一理

季文子俭德

季文子出身三世为相的家庭，是春秋时代鲁国的贵族、著名的外交家。他一生俭朴，穿衣只求朴素整洁，除了朝服以外没有几件像样的衣服。每次外出，乘坐的车马也极其简朴。

见他如此节俭，有个叫仲孙它的人就劝季文子说：

“你身为上卿，德高望重，但听说你在家里不准妻妾穿丝绸衣服，也不用粮食喂马。你自己也不注重容貌服饰，这样不是显得太寒酸，让别国的人笑话你吗？再说这样做也有损于我们国家的体面呀。”

季文子听后淡然一笑，对那人说：“我也希望把家里布置得豪华典雅，但是看看我们国家的百姓，还有许多人吃着粗糙得难以下咽的食物，穿着破旧不堪的衣服，还有人正在受冻挨饿。想到这些，我怎能忍心去为自己添置家产呢？如果平民百姓都粗茶敝衣，而我则妆扮妻妾，精养粮马，这哪里还有为官的良心！

“况且，我听说一个国家的强大与光荣，只能通过臣民的高洁品行表现出来，并不是以他们拥有美艳的妻妾和良骥骏马来评定的。既如此，我又怎能接受你的建议呢？”

这一番话，说得仲孙它满脸羞愧，同时也使他对季文子更加敬重。此后，他也效仿季文子，十分注重生活的简朴。

你有过这样的经历吗？读了今天的家风故事，你知道该怎么做吗？

吟一语

黎明即起，洒扫庭除，要内外整洁；
既昏便息，关锁门户，必亲自检点。
一粥一饭，当思来处不易；
半丝半缕，恒念物力维艰。
宜未雨而绸缪，毋临渴而掘井。
自奉必须俭约，宴客切勿留连。
器具质而洁，瓦缶胜金玉；
饮食约而精，园蔬愈珍馐。

增一智

一粥一饭、半丝半缕，皆是劳动所得，来之不易，即使并不贵重，也不能浪费。勤俭节约是中华民族的传统美德，是中国人民世代相传的宝贵精神财富，历来被当作修身之要、持家之宝、治国之道。诸葛亮倡导“静以修身，俭以养德”为修身之要；陆游把“天下之事，常成于勤俭而败于奢靡”作为持家之宝；毛泽东主席以“厉行节俭，勤俭建国”为治国之道。同学们当以此律己。

立于世

要大力弘扬中华民族勤俭节约的优秀传统，大力宣传节约光荣、浪费可耻的思想观念，努力使厉行节约、反对浪费在全社会蔚然成风。

——2013 年 1 月 22 日，习近平在第十八届中央纪律检查委员会第二次全体会议上的讲话。

荐一书

行一程

江苏昆山，山明水秀，人杰地灵，是人才辈出的地方。顾炎武、归有光、朱柏庐并称“昆山三贤”。同学们，有机会也去那里走一走、逛一逛，感受一下吧。

江苏昆山风光

与父母言

帮助未成年人树立正确的劳动观念，参加力所能及的劳动，提高生活自理能力和独立生活能力，养成吃苦耐劳的优秀品格和热爱劳动的良好习惯。

——《中华人民共和国家庭教育促进法》

第五章 齐家

孔子作为儒家文化的开创者，在家庭教育上具有典范作用。《礼记·大学》中说：“家齐而后国治，国治而后天下平。”可知“齐家”是“治国、平天下”的基础。作为修身与治国之间的重要环节，“齐家”之首在整齐家风，之要在修身立德。孟子提倡“不以规矩，不能成方圆”；曾子说“身不修不可以齐其家”；有子言“孝弟也者，其为仁之本欤”。这些家风家训无时无刻不提醒着我们，不仅要提高自身道德修养，更要将自身道德施于家庭，通过自身示范来带动家人效仿，这才是“齐家”的要点所在。

优良家风的熏育不仅需要一代人的努力，更需要家族世代的传袭。“欲齐其家者，先修其身”，修身示范，整齐家风，进而形成良好风尚。

第一节
不以规矩，不能成方圆

学一言

不以规矩，不能成方圆。

【释义】如果不用圆规和曲尺，就不能准确地画出方形和圆形，比喻做事要遵循一定的法则。

识一人

孟子（约公元前372—前289），名轲，是战国时期邹国（今山东邹城市）人。他是孔子之后、荀子之前的儒家学派的代表人物，与孔子并称“孔孟”。孟子说：“天下之本在国，国之本在家，家之本

孟子像

在身。”他认为，要平治天下，就必须国家有道、家风纯朴。没有家风的熏习，家族发展就无从谈起。

知一事

孟母“断机教子”

启蒙读物《三字经》引证的第一个典故是“昔孟母，择邻处，子不学，断机杼”，这句话包含着一个小故事。

孟子少年时厌倦学习，有一天不愿读书，就逃回了家。孟子的母亲碰巧在织布，当她看到孟子，一句话也没说，就把织布机上的布用刀割成两截。

孟子见状，连忙跪下来问：“母亲，您为什么要这样做呢？”孟母告诉他：“学习不是一两天的事，就像我织布一样，我必须从一根线开始，然后一寸一寸地织成一块完整的布。读书也是这个道理，如果不能长期坚持下去，持之以恒，像你这样半途而废，你怎么能成为一个成功的人呢？”

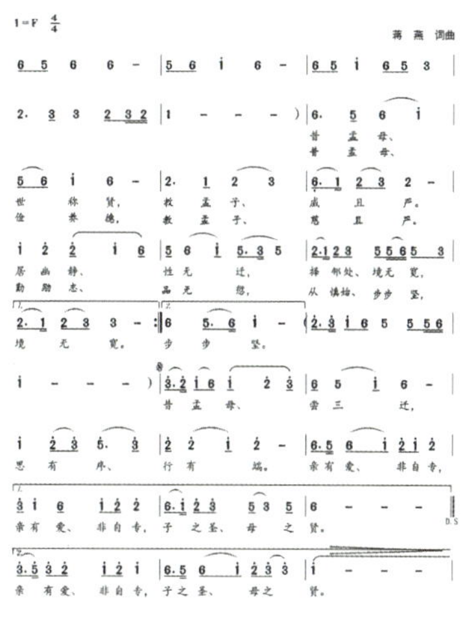

歌曲《孟母三迁》

孟子恍然大悟，从此以后，他一心向学，再也没有逃过学。

人民的好公仆——焦裕禄

有一次，焦裕禄的孩子去看戏时直接告诉售票员“我爸爸是焦书记”，没有买票就进了戏院。焦裕禄听说后非常生气，命令孩子马上把钱送去了戏院，还把全家人训斥了一顿。随后，焦裕禄又建议单位起草《干部十不准》的规定，不准任何干部搞特殊化，不准任何干部和他们的子弟“看白戏”。

焦家子女从“不伸手”、艰苦朴素、自力更生的良好家风中受益终身。后来，当年那个“看白戏”的老二焦国庆从军21年，被评为军区优秀共产党员；老五焦跃进长期在豫东农村基层岗位上发光发热；老四焦守军参军后两次立下赫赫战功，后来被授予“全国三八红旗手”的称号。这都是焦裕禄良好的家风、严格教育的结果。

明一理

良医济世，百年传承

——济宁颛（zhuān）孙氏中医世家

在太白楼南，美丽的运河南岸的街道上，一间斑驳陈旧的青砖房中，黝黑的“镜朗国药小室”匾牌悬挂在孙兴中医诊所门廊的正中央。在古色古香的中药房两侧，是其祖父孙镜朗和父亲孙复猷（yóu）的塑像。

颛孙氏中医世家创始人颛孙镜朗，又名孙镜朗，为济宁市四大名医之一。说起祖父孙镜朗的从医史，年过半百的孙兴百感交集。“若不精于医道，虽有忠孝之心，仁慈之性，君父危困，赤子涂地，无以济之！”孙镜朗出生于一个手工业家庭，父亲以缫丝为业，积劳成疾。年幼的孙镜朗，每日为父亲延请医生，出入药肆，受尽士绅医家的百般刁难。从此他立下志愿，发奋学医，“受尽十年寒窗苦，不为良相，当为良医”，立志做一名济世救人的大医。孙镜朗凭着十年苦学奠定的文化基础，系统地阅览了历代医学经典著作，潜心六载，有所心得；继而又负笈南京，拜金陵名医为师。

1936 年因父病返回济宁行医，创办“镜朗国药小室”。

孙兴的儿子孙相如说：“我生长在世医家庭，自幼祖父便给我讲述扁鹊、华佗、孙思邈等古代名医的故事，多方引导，使我逐渐对医学产生了兴趣，最终确立攀登医学高峰的志向。”在家庭的熏陶下，孙氏医学至今已传至四代。

孙氏四代行医，传承的不仅是一份职业，更是好的家风。

吟一语

人之初，性本善。性相近，习相远。
苟不教，性乃迁。教之道，贵以专。
昔孟母，择邻处。子不学，断机杼。
窦燕山，有义方。教五子，名俱扬。

——《三字经》

增一智

“国有国法，家有家规”，是指一个国家要有一个国家的法律，一个家庭要有一个家庭的规矩；一个家庭的规矩就相当于国家的法律。一个家庭有了良好的家风、家规，孩子就会茁壮成长，成为品格高尚的社会主义事业接班人。

立于世

要把美好的道德观念从小就传递给孩子，引导他们有做人的气节和骨气，帮助他们形成美好心灵，促使他们健康成长，长大后成为对国家和人民有用的人。

——2016 年 12 月 12 日，习近平在会见第一届全国文明家庭代表时的讲话。

荐一书

行一程

孟庙，又称亚圣庙，位于山东省济宁市邹城市亚圣府街 44 号，为历代祭祀孟子之场所。孟庙碑林是除西安碑林、曲阜孔庙碑林之外的又一大型碑林。

孟庙

只有不断地努力和学习，在品德、才能各方面的素养都得到提高，才能建立良好的家庭环境。

第二节
身不修不可以齐其家

学一言

身不修不可以齐其家。

【释义】自身的品德没有修养好，就不可能整治好自己的家庭。

识一人

曾子（公元前 505—前 435）是孔子的学生，春秋末年生于鲁国南武城（今山东省嘉祥县），编《论语》，著《大学》，写《孝经》，留下《曾子十篇》，后世尊奉为“宗圣”。

曾子像

无论是在曾府还是在曾庙，为数

众多的门楼牌坊上，大都悬挂着缅怀先祖、教育后辈的楹联，其中一副为“孝悌忠信传家远，修齐治平德业兴”。这副楹联，突出强调了曾子崇尚的忠信、修身、齐家、孝悌等思想，是曾氏家风的集中体现。在曾子的言行熏陶和谆谆教诲下，他的儿子曾元、曾申、曾华，孙子曾西等人，不仅通过勤学修身成为学识渊博的儒学大家，还很好地传承了孝悌家风。

知一事

杀彘（zhì）不欺子

有一天，曾子的妻子要去集市，小儿子哭闹着要跟着去。曾妻对孩子说：“你回去吧，我回来给你杀猪炖肉吃。”曾妻从集市上回来的时候，看到曾子逮住猪崽正要杀，忙上前制止说：“我只不过是哄孩子的一句玩笑话，难道你还当真要杀猪啊？”曾子很严肃地对妻子说：“孩子现在还小，处处都学大人的样子。你说杀猪给他吃，如果做不到，就是欺骗他。这是在教孩子欺骗别人。”曾子最终说服妻子，兑现了诺言，也让儿子学到了诚信的美德。

不忘父亲教诲，一生报效祖国

钱学森曾说："我的第一位老师是我的父亲。"父亲钱均夫对钱学森思想品格的养成发挥了至为关键的作用，在父亲的教育下，钱学森从小就立下了很大的志向——要做一个对社会有用的人。

1935年，以优异成绩毕业于上海交通大学的钱学森决定赴美学习，他渴望以自己的知识来改变祖国贫穷落后的现状。临行前父亲从口袋里掏出一张纸，上面写道："人，生当有品：如哲、如仁、如义、如智、如忠、如悌、如教。吾儿此次西行，非其夙志，当青春然而归，灿烂然而返。"寥寥数言，即成训导，让钱学森铭记一生。到美国留学后，虽然美国方面为钱学森提供了优越的工作环境和物质待遇，但他始终没有忘记自己的祖国，没有忘记报效祖国的愿望。多年后，钱学森几经辗转，终于回到了祖国，投身于"两弹一星"的研究，为祖国的航天事业立下了不朽功勋。

明一理

“遗子黄金满籯，不如教子一经”

——济宁邹城韦贤

《三字经》中有一句话：“人遗子，金满籯。我教子，唯一经。”讲述的便是韦贤教子的故事。

汉宣帝年间的丞相韦贤，质朴寡欲，专心学问，人称“邹鲁大儒”。邹城自古以来就是邹鲁文化的重要发祥地，韦贤受邹鲁文化影响，很早就接触到了《书》《礼》《诗》等儒家名著，在家庭习儒风尚的影响下，对儒学有深厚的研究。他凭借渊博的学识被朝廷发掘，征为讲经博士，后来被安排为皇帝讲授《诗》，正是习儒讲经让韦贤成为肱骨大臣。

韦贤自小就受到家庭“耕读为本，诗书传家”的影响。临终时他作出了一个被千古称赞的决定，那就是散尽千金，遗经教子，让儿女不受千金“摆布”，在《诗经》的指导下专心学习为人处世之道。他说：“别人留给子孙的是满箱的金银财宝，而我教育子孙的只有一本经书。”在韦贤的榜样作用和教育下，他的几

个孩子都成为有用之才，长子任县令，次子为东海太守，三子留在家乡看守家园，最小的儿子和他一样，因精通经书官至丞相。正是韦贤的这一决定，让子孙拥有了精神财富，使韦氏一族繁盛不衰。

韦贤深谙“诗书传家”的重要性，让我们看到了儒家智者“遗经教子”的风范。同学们，读了韦贤的家风故事，你明白了什么？

吟一语

曾子曰：“吾日三省吾身，为人谋而不忠乎？与朋友交而不信乎？传不习乎？”

——《论语·学而》

好而知其恶，恶而知其美者，天下鲜矣。故谚有之曰：“人莫知其子之恶，莫知其苗之硕。”此谓身不修，不可以齐其家。

——《大学》

增一智

单纯说教不如以身示范

立于世

广大家庭都要重言传、重身教，教知识、育品德，帮助孩子扣好人生的第一粒扣子，迈好人生的第一个台阶。

——2016年12月12日，习近平会见第一届全国文明家庭代表时的讲话。

行一程

曾子庙位于济宁市嘉祥城南23公里的曾子故里——风景秀丽的南武山南麓，是一处历史悠久、气势恢宏的古建筑群，又称曾庙、宗圣庙。

曾子庙

我们常讲百善孝为先，孝敬父母、老人是中华民族的传统美德，是德行的根本，是齐家的基础。只有尊亲、敬亲，才能博爱广敬，才能家庭和睦、社会安定。

第三节 孝弟也者，其为仁之本欤

学一言

孝弟也者，其为仁之本欤！

【释义】对父母孝顺，对兄弟友爱，这就是仁的根本啊！

识一人

闵子骞（公元前536—前487）是孔子的得意门生，比孔子小十五岁，是我国历史上著名的孝子，春秋时期鲁国人。

闵子骞像

闵子骞是“孝”的代表，《二十四孝图》有诗曰：“闵氏有贤郎，何曾

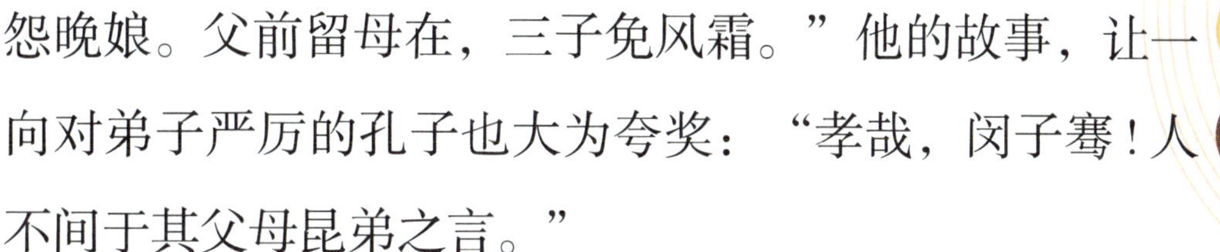

怨晚娘。父前留母在，三子免风霜。”他的故事，让一向对弟子严厉的孔子也大为夸奖：“孝哉，闵子骞！人不间于其父母昆弟之言。”

知一事

芦衣顺母

闵子骞是个孝顺的孩子。他少年就失去了母亲，父亲娶了继母。继母喜欢她自己的两个孩子，虐待闵子骞，但闵子骞并没有告诉他的父亲，以免破坏父母之间的关系。

有一年冬天，继母给自己的孩子用棉花做棉袄，而给闵子骞棉袄里面塞满了芦花。有一天，父亲带他们兄弟三个坐车外出，让闵子骞在前边赶车。闵子骞因为寒冷和饥饿无法控制车子，马车滑进了路边的水沟内。父亲大怒，说：“你这个没用的孩子，穿得这么厚，还在发抖！看看你的弟弟，棉袄比你薄，也没你冷。”喝斥后还用鞭子抽打他，抽破的衣服露出了芦花。

这时，父亲捏了捏另外两个儿子的棉衣，心里便明白了。父亲知道自己冤枉了闵子骞，便决定休妻。

闵子骞跪在父亲面前说：“母亲在，只有我一人寒冷，母亲走了，两个兄弟都要和我一起承受没有母爱的痛苦。”听了闵子骞的求情，父亲没再追究此事。继母听说后懊悔不已，从此以后将闵子骞视如己出。

粟裕严肃教子

粟裕，1907年生于湖南省会同县，是共和国第一大将。在长期的革命战争中，他南征北战，驰骋沙场，出生入死，为中国人民解放事业建立了不朽的功勋。

粟裕有三个孩子，他把三个孩子都送到部队去锻炼。在粟裕看来，日常生活中军人的衣食住行都要展现军人形象，因此他不仅对自己要求严格，对子女也要求严格。

长子戎生入伍后，一次休假回家，粟裕看到他睡觉的时候把衣服和鞋子弄得乱七八糟，就把他叫到房间里狠狠地训斥了一顿。戎生辩解说：“这不是放假了吗？我平时不是这样。”粟裕不高兴地说：“什么是平时？现在不是平时？”粟裕要求他将所有的东西都放在固定的地方，随手都能拿到，这样一有紧急情

况就能以最快的速度完成准备，即便放假休息时也要这样。戎生看着父亲严肃的表情，明白只有脚踏实地地做好日常的每一项工作，才能成为一名优秀的军人。后来，戎生在父亲的教导下更加严格要求自己，最终成长为一名优秀的高级将领。

明一理

负米养亲

子路是春秋末年鲁国卞（今泗水）人，是孔子最得意的弟子之一，是一个直率、有勇气和孝顺的人。子路小的时候家里非常贫穷，只能靠吃粗粮、野菜维持生存。

有一次，年迈的父母想吃米饭，但家里一点米也没有，怎么办？子路想到只要翻过几座山到亲戚家借点米，就可以满足父母的要求，于是翻山越岭，走了十几里路，最后从亲戚家背回了一小袋米。看到父母吃着美味的米饭，子路忘记了疲劳。邻居们都夸子路是个孝顺的好孩子。

吟一语

子曰："父在观其志，父没观其行，三年无改于父之道，可谓孝矣。"

——《论语·学而》

子曰："弟子入则孝，出则弟①。"

——《论语·学而》

子曰："事父母几②谏③。见志不从，又敬不违，劳而不怨。"

——《论语·里仁》

【注】①弟（tì）：通"悌"。敬爱兄长，也指尊敬年长之人。

②几（jī）：很少、微小，引申为轻微、婉转。

③谏（jiàn）：对上级或尊长提意见，使之改正错误。

增一智

同学们，通过右图你明白了什么道理？

立于世

中华民族传统家庭美德铭记在中国人的心灵中，融入中国人的血脉中，是支撑中华民族生生不息、薪火相传的重要精神力量，是家庭文明建设的宝贵精神财富。

——2016 年 12 月 12 日，习近平会见第一届全国文明家庭代表时的讲话。

荐一书

行一程

闵子骞祠

闵子骞祠坐落在安徽省宿州市埇（yǒng）桥区曹村镇闵祠村，始建于宋，现存殿宇14间，祠内存有古柏和千年银杏。祠东公路旁还有牌坊一座，上书“先贤闵子故里”。这里不仅有迷人的自然风光，还有动人的传说故事。同学们，快和爸爸妈妈一起去参观吧！

与父母言

未成年人的父母或者其他监护人及其他家庭成员应当注重家庭建设，培育积极健康的家庭文化，树立和传承优良家风，弘扬中华民族家庭美德，共同构建文明、和睦的家庭关系，为未成年人健康成长营造良好的家庭环境。

——《中华人民共和国家庭教育促进法》

第六章 为政

子曰："为政以德，譬如北辰，居其所而众星共之。"统治者如果实行德治，群臣、百姓就会自动归服于他。它体现了孔子"为政以德"的思想。

德不仅是立身之本，而且是立国之基。这是我国优秀传统文化的精华，也是我国政治思想的一个显著特点。本章我们就一起学习晚清名臣曾国藩、"忠厚报国"的张之洞、以"四知拒金"为美德的杨震的道德故事。

公则四通八达，私则一偏而隅。同学们在集体生活中，要培养集体观念、集体意识，凡事从集体的利益出发，为维护集体形象和名誉贡献自己的一份力量。

第一节
立德立功立言三不朽，为师为将为相一完人

学一言

立德立功立言三不朽，为师为将为相一完人。

【解读】这是用对联的形式总结了曾国藩的一生。

识一人

曾国藩（1811—1872）是曾子第七十世孙，中国近代政治家、战略家、理学家、文学家，湘军的创立者。

曾国藩像

曾国藩主张凡事要勤俭廉劳，不可为官自傲。他修身律

己，以德求官，礼治为先，以忠谋政，成为晚清四大名臣之一。

曾国藩是一位优秀的家长，他强调“和以治家”“勤以持家”，《曾国藩家书》于生活细微之处见真知，对其子孙后代影响深远，曾国藩子孙、曾孙中出了很多名人。

总之，曾国藩在家庭教育方面的理论和作为在今天仍然是值得肯定和借鉴的。

知一事

曾国藩教子有方

曾国藩在读书和做人方面对自己要求很严格，他也经常以自身的思想和行为去感染教育儿女。

曾国藩在给长子曾纪泽的信中说：“世家子弟，最易犯奢字，傲字。不必锦衣玉食而后谓之奢也，但使皮袍呢褂俯拾即是，舆马仆从习惯为常，此即日趋于奢矣。见乡人则嗤其朴陋，见雇工则颐指气使，此即日习于傲矣……”对于女儿和新嫁进门的媳妇，曾国藩也要求她们不要因为是富贵人家的子女就不乐于劳作，一定要经常下厨房做饭，纺纱织布，勤于劳动，不要懒惰。

次子曾纪鸿回乡参加科举考试，曾国藩料到会有巴结讨好的人前去联系，于是及时写信告诉儿子考完试之后马上回来，对人要恭谦，交友要谨慎。曾国藩的这种教子思想是很可取的。

由于曾国藩教子有方，他的两个儿子都成就突出。长子曾纪泽，诗文书画俱佳，学贯中西，是我国历史上有名的外交家。中俄伊犁谈判中，他坚持原则，捍卫了国家利益。次子曾纪鸿，虽不幸早逝，但生前在古算学研究方面也取得了相当的成就。

青山处处埋忠骨

1950年，抗美援朝战争爆发。毛岸英请求入朝参战，任中国人民志愿军司令部俄语翻译和秘书。他工作积极，认真负责，迅速熟悉了机关业务。

1950年11月25日上午，美空军轰炸机突然飞临志愿军司令部上空，投下了几十枚凝固汽油弹。在作战室紧张工作的毛岸英壮烈牺牲，年仅28

岁。毛岸英牺牲后，被就地安葬。后来被移葬于朝鲜平安南道桧仓郡的中国人民志愿军烈士陵园。周恩来总理评价说：“毛岸英入朝一个月零三天就牺牲了，他吃过苦、留过学、打过仗，又经过农村和工厂的锻炼，在和毛岸英同龄的一代青年中，像他那样受过良好教育和多种锻炼的人是不多的。毛岸英的牺牲，对党，尤其对主席，都是一个无法挽回的损失。”

2009 年，毛岸英被评为“100 位新中国成立以来感动中国人物”。

明一理

伟大的共产主义战士——王杰

有这样一位伟大的共产主义战士，毛泽东主席曾亲自为他题词：“我赞成这样的口号，叫做‘一不怕苦，二不怕死’。”他就是“100 位新中国成立以来感动中国人物”之一的王杰。

王杰，1942 年出生在山东省金乡县城郊乡华堌村一个普通的农民家庭。

1961 年 8 月，王杰应征参加中国人民解放军。在部队中，王杰认识到当兵的目的是维护人民的利益，他更加向往成为一名对国家、对人民有用的“英雄”。

1965 年 7 月 14 日，济南军区驻徐州部队“地雷班”进行地雷实爆训练，王杰让大家围成一圈，由他做示范动作。突然，埋设炸药包的土层冒出了白烟。在这千钧一发之际，王杰大喊一声“闪开”，便飞身而起，扑向炸药包（实爆训练用炸药包代替地雷）。随着一声巨响，王杰倒在了血泊之中，年仅 23 岁的王杰为了挽救他人的生命，义无反顾地献出了自己的生命。

2017 年 12 月 31 日，习近平总书记视察王杰生前所在连队时强调，“一不怕苦、二不怕死”的王杰精神过去是、现在是、将来永远是我们的宝贵精神财富，要学习践行王杰精神，让王杰精神绽放新的时代光芒。

吟一语

以做百姓之心做官，以治私事之心治官事。

——【清】胡林翼

欲仕则仕，不以求之为嫌。

——【晋】陶渊明

增一智

曾国藩终生注重家庭教育，他把教育子弟的重点放在修“心”、修“身”、修“行”上。修“心”是心智心力的砥砺，是道德品质的培养。修“身”是通过锻炼以获得健康的体魄。曾国藩也注重修“行”，要求曾氏子弟言谈举止得体，待人谦敬、宽容，为人不能清高、刻薄，生活上也要去奢侈之风。

立于世

“积善之家，必有余庆，积不善之家，必有余殃。”诸葛亮诫子格言、颜氏家训、朱子家训等，都是在倡导一种家风。毛泽东、周恩来、朱德等老一辈革命家都高度重视家风。我看了很多革命烈士留给子女的遗言，谆谆嘱托，殷殷希望，十分感人。

——2016 年 12 月 12 日，习近平在会见第一届全国文明家庭代表时的讲话。

荐一书

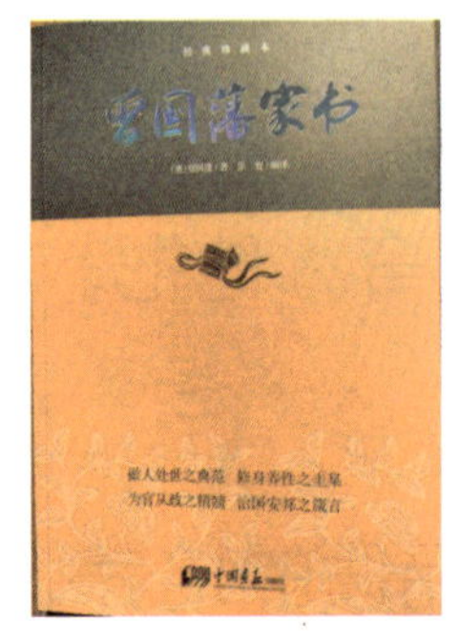

行一程

同学们，你们知道吗？曾国藩故居富厚堂坐落在湖南省双峰县荷叶镇，始建于清同治四年（1865）。整个建筑颇具园林风格，精华部分是藏书楼，曾藏书达 30 万卷，是我国保存完好的最大的私家藏书楼之一。

曾国藩故居

忠诚是人生的本色。在成长的道路上，我们应始终以“忠诚”为标杆，忠诚做事，忠诚做人。忠于自己，忠于集体，忠于国家。

第二节
仁厚遵家法，忠良报国恩

学一言

仁厚遵家法，忠良报国恩。

【释义】这是晚清名臣张之洞的家规家训。他告诫后代子孙：做人要仁义厚道，对国家要忠贞不贰。

识一人

今天我们认识晚清四大名臣之一的张之洞（1837—1909）。他是洋务派代表人物，祖籍直隶南皮，出生于贵州兴义府（今安龙县）。

张之洞幼年禀赋聪慧，受过严格的儒家思想的教育熏陶，为日后从政和治学打下坚实的基础。张之洞早年

张之洞像

是清流派首领，后成为洋务派的主要代表人物，政治上主张“中学为体，西学为用”。他创办了自强学堂、三江师范学堂等，推行“务求实用，切忌空谈”的教育方针，创办了汉阳铁厂、大冶铁矿等。毛泽东主席曾评价张之洞说：“提起中国民族工业，重工业不能忘记张之洞。”他一生以廉立身，心系家国；以道治家，情寄后世。有《张文襄公全集》传世。

知一事

张之洞家训

1909年10月4日，在北京西城区白米斜街路北11号院内，一位病入膏肓（huāng）的老人在弥留之际还不忘在病榻上谆谆告诫几个儿子：“兄弟不可争产，志须在报国，勤学立品；君子小人，要看得清楚，不可自居下流。”这位老人就是张之洞。

张之洞祖上数代为官，虽然职位不是特别显赫，

但为官都清正廉洁。张之洞是张锳的第四子。张锳曾对张之洞说：“贫，吾家风。汝等当力学！”张锳用自己的言行举止给孩子们树立了榜样。

张之洞为官清廉，在维护国家民族的利益、发展教育、兴办实业等方面政绩卓越。即使公务再繁忙，他丝毫没有放松对子女的教育。

1860年，张之洞第一个儿子出生，为此他写下了一首《续辈诗》，作为张家自他之后20代子孙取名的依据。他其实想通过这种续辈的方式，让这首诗成为张家的传世家训，将为人处世的准则传递给子孙后代。诗的内容如下：

仁厚遵家法，忠良报国恩。

通津为世用，明道守如珍。

这首《续辈诗》也因此成了张氏子孙坚守一生的行为准则。

岳母刺字

岳飞十五六岁时，北方的金人南侵，宋朝当权者腐败无能，节节败退，国家处于生死存亡关头。岳飞投军抗金。不久因父丧，还乡守孝。

岳母刺字

1126年，金兵大举入侵中原，岳飞再次投军。临行前，母亲姚太夫人把岳飞叫到跟前，说：“现在国难当头，你有什么打算？”岳飞回答说：“到前线杀敌，尽忠报国！”姚太夫人听了儿子的回答，十分满意。她决定把这四个字刺在儿子的背上，让他永远铭记在心。

岳飞解开上衣，露出瘦瘦的脊背，请母亲下针。

姚太夫人问：“孩子，针刺是很痛的，你怕吗？”

岳飞说：“母亲，小小的针算不了什么，如果连针都怕，还怎么去前线打仗？”

姚太夫人先在岳飞背上写了字，然后用绣花针刺上去。刺完之后，岳母又涂上醋墨。从此，“尽忠报国”四个字就留在了岳飞的后背上。

母亲的鼓舞激励着岳飞。岳飞投军后，很快因作战勇敢升秉义郎，后为“中兴四将”之首，成为抗金英雄，为后人所敬仰。

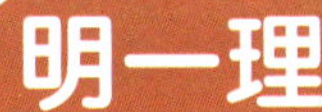

悬鱼太守羊续

羊续（142—189），字兴祖，东汉泰山郡平阳县人，为官廉洁自守。

羊续出任南阳郡太守时，当地社会风气庸俗、奢侈，官员请客送礼、托关系办事的现象很严重。羊续决心从自身做起，扭转这种坏风气。

一天，郡丞送来一条大鱼，他除了夸赞鱼味鲜美，还申明鱼是自己打捞的，并未花钱。羊续再三谢绝，郡丞还是不肯收回，羊续就只好先把鱼留下了。

然而，羊续并未把鱼送进厨房，而是悬挂在房檐下面，表示自己决不吃这条鱼。过了几天，郡丞又拎来一条更大的鱼。羊续正色道：“你是本郡地位仅次于太守的官员，怎么能带这个头呢？”不待郡丞辩解，羊续就把他带到房檐下，让他看上次送的那条鱼还挂在那里，已经风干了。

羊续不收礼物、拒绝贿赂的事情传开了，老百姓都赞扬他，称他为“悬鱼太守”，送礼的歪风邪气也有所扭转。

吟一诗

教子吟

【宋】邵雍

为人能了自家身，千万人中有一人。
难用知如未知说，在乎行兴不行分。
该通始谓才中秀，杰出方名席上珍。
善恶一何相去远，也由资性出由勤。

【释义】为人只有勤于修身，才能够脱颖而出，成为千万人中的佼佼者。最难的是学习未知的学问，最在乎的是做出不同于他人的行为，这样才会不同于一般人。通晓各种知识，才能被人称赞为优秀，只有与众不同，才能在满桌佳肴之中被人奉为奇珍异品。人之善恶相去为何遥远，既是由于人的智力（资性），也出于人的勤奋。

增一智

张之洞作《续辈诗》，既是张氏一族取名的依据，更融入了他对后辈的殷殷寄托。其力学树功、经世致用的理念，在今天仍具有重要价值，其俭约知礼、砥砺气节的规训，亦值得当代为官从政者借鉴。

立于世

“正家，而天下定矣。”古时，那些子孙多贤达、功业多卓著的名门，无不与其良好家风的传承息息相关。

——2018年11月2日，习近平在同全国妇联新一届领导班子成员集体谈话时的讲话。

荐一书

行一程

“张之洞与武汉博物馆”是一家综合性工业博物馆，也是唯一反映张之洞与“汉阳造”的专题馆。博物馆深入梳理了张之洞所代表的清末现代化工业发展历程，真实地反映了汉阳铁厂的历史风貌，展现了武汉的城市发展史。

张之洞与武汉博物馆

爱惜衣裳要从新的时候起，爱惜名誉要从幼小的时候起。日常生活中，青少年应立正气、行正路，树立良好的形象。

第三节 四知美誉留人世，应与乾坤共久长

学一言

四知美誉留人世，应与乾坤共久长。

【解读】这两句诗是对东汉名臣杨震的赞扬。

识一人

杨震（？—124），东汉时期名臣，隐士杨宝之子。杨震少时潜心治学，随父研习《欧阳尚书》，师从太常桓郁。杨震自幼勤奋好学，博览群书，为东汉名震一时的大才子，因而被人们尊称为“关西孔子”。

杨震像

杨震一生为官清廉，不谋私利。他的子孙深受做“清白吏”的家风影响，个个博学清廉，以“清白传家”“四知家风”作为祖训。

知一事

暮夜却金

杨震在由荆州刺史调任东莱太守赴任的途中，路经昌邑（今山东省巨野县东南），昌邑县令王密曾是他在任荆州刺史时举荐提拔的官员。听说杨震途经本地，为报答知遇之恩，王密特备黄金10斤，趁夜深人静打算送给他。杨震不但不接受，还严厉地批评了王密。王密说：“三更半夜不会有人知道，更不会影响到老师的人品。”杨震说：“怎么会没人知道？你顶天而来，天知道；踏地而来，地知道；携金而来，你知道；赠金与我，我知道。既然天知、地知、你知、我知，何为不知？”

自此“四知拒金”的故事被传为千古佳话。后人因此称杨震为“杨四知”“四知太守”“四知先生”。

陈毅勤俭传家风

陈毅是中国人民解放军的创建者和领导者之一，党和国家的卓越领导人。

陈毅是一个勤俭的人，他在工作上要求勤俭，生活上亦如此。家中孩子吃普通饭菜，穿带补丁的衣服，常常是大人衣服穿破了，改给孩子们穿，大孩子穿小了，又轮给小孩子穿，从不轻易丢掉。在父母的教育和影响下，陈毅的子女都严格要求自己。三儿子陈小鲁与粟裕的女儿结婚时，正好是夏天，前来家里祝贺的宾客看到桌上仅放着一个大西瓜，简朴的“西瓜宴”就成了“婚宴”。

明一理

郭朝宾：勤政三朝四十余载

山东济宁汶上流传着这样一句话：“小县不大四尚书。”说的便是明代嘉靖年间汶上籍的户部尚书王杲（gǎo）、兵部尚书路迎，隆庆年间汶上籍的南京吏部尚书吴岳，万历年间汶上籍的工部尚书郭朝宾。他们任尚书的时间前后相差仅 32 年。

郭朝宾为人老成浑朴，志行端淳。明穆宗称他“有长者之风”，神宗皇帝称他“能任大事，断决神敏，乃国之梁栋”。郭朝宾教育子孙后代牢记“尊祖、敬宗、事亲、睦族”的祖训，弘扬“崇礼尚德，忠孝治家，友爱互助”的家风。

郭朝宾一生清正廉明，家无浮财。神宗皇帝为彰其德、显其功，御批于家乡汶上城东北三十里处建陵立祠。太子太傅东阁大学士兼礼部尚书于慎行奉旨前来视察陵地建设时为其写下了墓志铭，并为牌坊前的华表题写楹联：“水绕山环钟灵秀之气则千年不竭，虎踞龙盘萃形胜之区而万载长安。”

良好的家风家规是一种无形的财富，使后世子孙终生受益。

吟一语

由俭入奢易，由奢入俭难。

——【宋】司马光《训俭示康》

天下之事，长成于困约，而败于奢靡。

——【宋】陆游《放翁家训序》

历览前贤国与家，成由勤俭破由奢。

——【唐】李商隐《咏史》

增一智

东汉太尉杨震以“四知拒金”而为人们所津津乐道，又以“清白传家”被后世广为传颂。杨震不仅自身清廉正直，而且治家严谨、家风清白，他认为让后世人都称子孙为“清白吏”就是给子孙留下的最丰厚的遗产。

立于世

在培育良好家风方面，老一辈革命家为我们作出了榜样。每一位领导干部都要把家风建设摆在重要位置，廉洁修身、廉洁齐家，在管好自己的同时，严格要求配偶、子女和身边工作人员。

——2016 年 1 月 12 日，习近平作题为《坚定不移推进党风廉政建设和反腐败斗争》的报告。

荐一文

《后汉书 · 杨震传》

《后汉书》是由南朝宋时期历史学家范晔编撰的纪传体史书，属“二十四史”之一，与《史记》《汉书》《三国志》合称“前四史”，主要记述了东汉 195 年的史事。《后汉书 · 杨震传》中，多处称赞了杨震及其子孙廉洁奉公的家风。

行一程

杨震廉政教育基地

杨震廉政教育基地“四知堂”位于陕西省潼关县秦东镇四知村，建筑面积1780平方米，共有上下两层：一层为布展区，面积1160平方米，主要展示杨震的生平事迹；二层主要展示的是杨氏家族群英谱。

四知堂

与父母言

家庭教育以立德树人为根本任务，培育和践行社会主义核心价值观，弘扬中华民族优秀传统文化、革命文化、社会主义先进文化，促进未成年人健康成长。

——《中华人民共和国家庭教育促进法》

编后语

“济宁市青少年教育系列丛书”是济宁市关心下一代工作委员会按照济宁市委部署要求，组织市委党史研究院、市妇联、市教育局、市司法局在精心筹备、广泛调研、科学研讨的基础上完成的，这对于广大青少年了解济宁、热爱济宁、建设济宁，帮助青少年接受优秀传统文化熏陶，赓续红色基因，培养家国情怀，提升法治素养具有重要意义。

本丛书包含优秀传统文化、革命传统教育、家庭教育、法治教育四大内容，分为小学、初中、高中三个学段，共 12 本，120 多万字。本丛书立足青少年教育实际，各篇目既自成一体又相互关联，突出地域性、教育性、文化性、实用性、可读性。

本丛书编写时间紧、任务重、体量大、标准高，经过百余名专家、学者、编辑、摄影人员辛勤努力，先后完成拟定大纲、撰写初稿、讨论润色、专家审阅、出版社审核等工作，最终得以和大家见面。本丛书编写始终坚持“三结合、三坚持”的编写原则。“三结合”就是与当前开展的“党史、国史、改革开放史、社会主义发展史”教育内容相结合；与当前学校开展的思政教育相结合；与现有的关心下一代教育基地史料相结合。“三坚持”就是坚持立德树人的立意导向，把践行社会主义核心价值观贯穿始终；坚持体现济宁区域文化特色，培植青少年家国情怀；坚持适合青少年特别是中小学生阅读，通俗易懂、喜闻乐见。

本丛书在编写过程中自始至终得到济宁市委、市政府主要领导的重视和指导，得到省委宣传部充分肯定和大力支持，得到市委办公室、市委组织部、市委宣传部、市委政法委、市委政研室、市委老干部局、市政府办公室、市财政局、市教育科学研究院、市摄影家协会等部门和单位的大力支持与配合，得到夏诚华、韩笔祥、赵树国、祝金焕、聂志泉、杨朝明、李敬学、孔令绍等老领导和专家学者的关心指导与支持帮助，在此一并表示感谢。

由于时间仓促，难免拾珠落遗，诸多疏漏，敬请广大读者批评指正。

“济宁市青少年教育系列丛书”编委会

2022 年 6 月